21世纪会计专业主干课程教材

行业会计比较

习题与实训

第九版

EXERCISES AND TRAININGS FOR ACCOUNTING IN DIFFERENT INDUSTRIES

傅胜　主编

东北财经大学出版社
Dongbei University of Finance & Economics Press
大连

图书在版编目（CIP）数据

行业会计比较习题与实训 / 傅胜主编．—9版．—大连：东北财经大学出版社，2024.6

（21世纪会计专业主干课程教材）

ISBN 978-7-5654-5212-3

Ⅰ.行…　Ⅱ.傅…　Ⅲ.部门经济-会计-对比研究-高等学校-教学参考资料　Ⅳ.F235-03

中国国家版本馆CIP数据核字（2024）第065784号

东北财经大学出版社出版

（大连市黑石礁尖山街217号　邮政编码　116025）

网　　址：http://www.dufep.cn

读者信箱：dufep@dufe.edu.cn

大连日升彩色印刷有限公司印刷　东北财经大学出版社发行

幅面尺寸：185mm×260mm　字数：237千字　印张：10　插页：1

2024年6月第9版　2024年6月第1次印刷

责任编辑：包利华　曲以欢　责任校对：刘贤恩

封面设计：原　皓　版式设计：原　皓

定价：32.00元

教学支持　售后服务　联系电话：（0411）84710309

如有印装质量问题，请联系营销部：（0411）84710711

第九版前言

《行业会计比较》获评“十三五”职业教育国家规划教材、“十四五”职业教育国家规划教材。本书是《行业会计比较》（第九版）一书的配套学习参考书。

《行业会计比较》主要阐述了商品流通企业、施工企业、房地产开发企业、银行、证券公司、保险公司、物流企业、旅游餐饮服务企业和农村集体经济组织与农民专业合作社会计所涉及的特殊业务。为便于高等财经院校会计专业学生及企业财会人员更好地掌握各行业特殊业务的会计核算方法，本书在对各行业会计的重点问题进行归纳阐述的基础上，编写了大量的基本理论练习题和实务练习题，所有练习题均配有参考答案供学习者参考。此外，本书还对《行业会计比较》（第九版）中的各行业会计核算的典型案例作了解答。

本次修订工作主要体现为：

1. 根据2021年1月以后财政部、国家税务总局颁布、实施的政策法规，调整了习题与实训中涉及的相关内容。

2. 根据各行业经营业务的变化，调整了实训内容，便于学员掌握处理相关会计业务的最新技能。

本书由东北财经大学教授、研究员级高级会计师、硕士生导师傅胜任主编，并修订了第一章；东北财经大学网络教育学院主讲教师刘昕辉任副主编，并修订了第二、三、四、五、六、七、八章；大连致同会计师事务所（特殊普通合伙）辽宁分所会计师、税务师王洋修订了第九章和第十章。最后，由傅胜教授对全书进行了修改和总纂。

由于作者水平有限，书中纰漏之处在所难免，恳请读者批评指正。

编　者

2024年6月

第八版前言

本书是《行业会计比较》（第八版）一书的配套学习参考书。

《行业会计比较》主要阐述了商品流通企业、施工企业、房地产开发企业、银行、证券公司、保险公司、物流企业、旅游餐饮服务企业和村集体经济组织与农民专业合作社会计所涉及的特殊业务。为便于高等财经院校会计专业学生及企业财会人员更好地掌握各行业特殊业务的会计核算方法，本书在对各行业会计的重点问题进行归纳阐述的基础上，编写了大量的基本理论练习题和实务练习题，所有练习题均配有参考答案供学习者参考。此外，本书还对《行业会计比较》（第八版）中的各行业会计核算的典型案例作了解答。

本次修订工作主要体现为：

1. 根据2019年8月以后财政部、国家税务总局颁布、实施的政策法规，调整了习题与实训中涉及的相关内容。

2. 为提高学员的动手能力，在习题的“实务训练”中适当增加了相关的原始凭证，同时将本书的名称《行业会计比较习题与解答》改为《行业会计比较习题与实训》。

本书由东北财经大学教授、研究员级高级会计师、硕士生导师傅胜任主编，并撰写了第一、二、三、四、五、九、十章原稿，本次修订了第一章；东北财经大学教授、硕士生导师梁爽任副主编，并撰写和修订了第六章和第七章；东北财经大学网络教育学院主讲教师刘昕辉在原稿的基础上修订了第二、三、四、五章，并重新编写了第八章；大连致同会计师事务所（特殊普通合伙）辽宁分所项目经理、东北财经大学特聘培训教师王洋在原稿的基础上修订了第九章和第十章。最后，由傅胜教授对全书进行了修改和总纂。

由于作者水平有限，书中纰漏之处在所难免，恳请读者批评指正。

编　者

2021年9月

目　录

第一章 总 论

学习目的和要求

学习本章的目的，是了解行业会计比较的意义、内容和方法，进而在理解为什么要学习行业会计比较的基础上，掌握行业会计比较的内容概要。

重点问题解析

本章有四个重点问题：一是我国行业的划分；二是行业会计的特点；三是行业会计与企业会计准则的关系；四是行业会计比较的内容。

所谓行业，一般是指按生产同类产品或具有相同工艺过程，或提供同类劳动服务划分的经济活动类别。根据现行的《国民经济行业分类》(2019年修订)，我国国民经济行业分为20个门类：

(1) 农、林、牧、渔业：包括农业，林业，畜牧业，渔业以及农、林、牧、渔专业及辅助性活动5大类。

(2) 采矿业：包括煤炭开采和洗选业、石油和天然气开采业、黑色金属矿采选业、有色金属矿采选业、非金属矿采选业、开采专业及辅助性活动、其他采矿业7大类。

(3) 制造业：包括农副食品加工业，食品制造业，酒、饮料和精制茶制造业，烟草制品业，纺织业，纺织服装、服饰业，皮革、毛皮、羽毛及其制品和制鞋业，木材加工和木、竹、藤、棕、草制品业，家具制造业，造纸和纸制品业，印刷和记录媒介复制业，文教、工美、体育和娱乐用品制造业，石油、煤炭及其他燃料加工业，化学原料和化学制品制造业，等等，共31大类。

(4) 电力、热力、燃气及水生产和供应业：包括电力、热力生产和供应业，燃气生产和供应业，水的生产和供应业3大类。

(5) 建筑业：包括房屋建筑业，土木工程建筑业，建筑安装业，建筑装饰、装修和其他建筑业4大类。

（6）批发和零售业：包括批发业和零售业两大类。

（7）交通运输、仓储和邮政业：包括铁路运输业、道路运输业、水上运输业、航空运输业、管道运输业、多式联运和运输代理业、装卸搬运和仓储业、邮政业8大类。

（8）住宿和餐饮业：包括住宿业和餐饮业两大类。

（9）信息传输、软件和信息技术服务业：包括电信、广播电视和卫星传输服务，互联网和相关服务，软件和信息技术服务业3大类。

（10）金融业：包括货币金融服务、资本市场服务、保险业和其他金融业4大类。

（11）房地产业：包括房地产业大类。

（12）租赁和商务服务业：包括租赁业和商务服务业两大类。

（13）科学研究和技术服务业：包括研究和试验发展、专业技术服务业、科技推广和应用服务业3大类。

（14）水利、环境和公共设施管理业：包括水利管理业、生态保护和环境治理业、公共设施管理业、土地管理业4大类。

（15）居民服务、修理和其他服务业：包括居民服务业，机动车、电子产品和日用产品修理业，其他服务业3大类。

（16）教育：包括教育大类。

（17）卫生和社会工作：包括卫生和社会工作两大类。

（18）文化、体育和娱乐业：包括新闻和出版业，广播、电视、电影和录音制作业，文化艺术业，体育，娱乐业5大类。

（19）公共管理、社会保障和社会组织：包括中国共产党机关，国家机构，人民政协、民主党派，社会保障，群众团体、社会团体和其他成员组织，基层群众自治组织6大类。

（20）国际组织：包括国际组织大类。

根据行业划分的规则，行业会计也相应地划分为企业会计和非营利组织会计两大系统：

（1）企业会计，指从事各种生产经营业务活动的企业所运用的会计，包括工业企业会计、商品流通企业会计、旅游餐饮服务企业会计、交通运输企业会计、施工企业会计、房地产开发企业会计、银行会计、证券公司会计、保险公司会计、物流企业会计、农村集体经济组织会计与农民专业合作社会计等。

（2）非营利组织会计是政府机构和其他不以营利为主要目的的组织（如学校、医院、科研机构、图书馆和慈善机构等）所运用的会计。

对行业会计的特点的理解，要注意从行业会计的个性来考虑。由于各行业在国民经济发展中发挥着不同的职能和作用，为反映和监督不同行业的经济活动，形成了各种行业会计。各种行业会计既有共性，也有个性。其共性是行业会计作为一种管理活动，都要以基本会计准则为共同的基本规范，因此在会计制度、会计方法、会计科目和会计报表的格式和编制等方面都是相同的。其个性是不同行业有着不同的生产技术特点和经营特点，其行业会计反映和监督的内容也随之不同。因此，行业会计又要结合各行业的特点，对各行业的经济活动中的特殊业务，采用特殊的方法进行核算。例如，商品流通企业的批发、零售及商品流转业务与其他企业有着明显的区别；金融业、保险业的产品及成本的计算也不同于其他企业。对各行业的特殊业务如何进行处理，就是研究行业会计的目的所在。只有了解各行业会计核算与管理的共同点和差异，才能将会计理论与方法真正融会贯通，才能适应企业经济多元化趋势对会计工作者不断提出的新要求。

对行业会计与企业会计准则的关系的理解，首先，要注意分清“行业会计”与“行业会计制度”的区别。行业会计，是以货币为主要计量单位，采用专门的方法对本行业的经济活动进行核算和监督的一项管理活动；而行业会计制度，则是对行业会计的规范。其次，要注意了解企业会计准则的实施，是针对行业会计制度涉及的所有企业（不对外筹集资金、经营规模较小的企业以及金融、保险企业除外）会计核算的共性部分制定了一套通用、统一的规范，规范了企业会计确认、计量、记录、报告的过程，并且针对会计核算的总体要求作出了一些具体的规定。但是，企业会计准则不能取代行业会计制度。尽管企业会计准则在强调企业会计核算共性要求的同时，适度地兼容和照顾了一些行业特色，但它无法满足各行各业的特殊经济业务对会计核算的要求。除了被明确排除在企业会计准则应用范围之外的金融、保险企业之外，农业与运输业的成本核算也相差甚远，运输业与施工企业的存货核算也无法相互替代。因此，只要国民经济中存在着各行各业，相应的行业会计就将随之存在。事实上，行业会计中的特殊业务与企业会计准则在内容上并无不必要的重复。企业会计准则是对各行业共有的会计业务，着重在确认、计量和信息揭示等方面所作的规范。而行业会计业务则是在遵循统一的企业会计准则的前提下，根据本行业的经营特点及强化内部管理的要求，来研究如何对特有的业务进行核算。

对行业会计比较的内容的理解，要注意从行业会计的核算对象、行业会计的特殊业务和行业会计的相关业务三个方面来把握。由于各行业的经济活动、业务范围、职责权限不同，会计核算和监督的内容也必然不同。准确地理解和认识不同行业的特殊性，是发挥会计核算、监督作用的基本出发点。各行业特殊业务的客观存在，是研究会计比较的基础。2007年开始实施的企业会计准则在各行业的共性方面作了统一的规范，如在资产、负债、收入、费用等会计要素的定义上进行了明确的规定，使企业在会计要素的确认方面有了界定的范围，保证了会计信息的可靠性。这也是我国会计制度在制定思想和定位上的一次突破。但是，在具体的核算与管理方法上，各行业的差异还是不可回避的。如保险企业是以保险业务的各种保险收入、理赔及保险资金的再运用等经营活动为核算对象的。由于经营活动的特殊性，决定了在损益的计算、保险责任准备金的计提以及再保险业务的开展等诸方面都有其独特之处。此外，由于我国目前在农村地区推行的是以家庭联产承包责任制为主、其他责任制为辅的经济运作方式，所以农村集体经济组织推行了与之相适应的统一核算与分散核算相结合的两级会计核算体制。因此，比较各行业的特殊业务，将使在短时间内掌握各行业会计事半功倍。这些特殊业务往往又与企业在国民经济中的地位和作用紧密联系在一起，理解和掌握各行业特殊业务的核算，对研究和学习行业会计比较具有重要的意义。国民经济各部门是一个有机联系的整体，各行业之间都存在着相互依存的关系。在会计核算方面，也必然存在着对相关的经济业务如何处理的问题。特别是对一些多种经营、跨行业的联合体，不同阶段成本的计算是既有联系又有区别的。如对于施工企业与房地产开发企业来说，施工企业的工程价款就是房地产开发企业的开发成本的重要组成部分，但房地产开发企业的开发成本并不等于施工企业的工程价款，因为房地产开发企业的开发成本中还包括土地开发成本及配套设施成本等。

对行业会计的比较方法的理解，要掌握横向比较法与纵向比较法。横向比较法是同时对不同行业会计中相同的会计要素进行比较，研究它们在会计核算上的共性与个性，并对个性加以阐述。纵向比较法是将各行业特殊业务的会计核算进行相互比较，找出每个行业会计核算的个性，并对个性部分加以阐述。本书采用的是纵向比较法。

练习题

一、填空题

1. 根据行业划分的规则，行业会计也相应地划分为__________和__________两大系统。

2. 企业会计，指从事________________的企业所运用的会计。

3. 非营利组织会计是_________和其他________________的组织所运用的会计。

4. 横向比较法是同时对不同行业会计中相同的__________进行比较。

5. 纵向比较法是将各行业______________进行相互比较。

二、多项选择题

1. 非营利组织包括（　　）。

A. 图书馆　　B. 科研机构　　C. 慈善机构　　D. 学校

2. 行业会计比较，大都采用的方法有（　　）。

A. 趋势分析法　　B. 环比分析法　　C. 横向比较法　　D. 纵向比较法

三、简答题

1. 行业会计的特点有哪些？

2. 行业会计与企业会计准则的关系如何？

3. 为什么要学习行业会计比较？

4. 如何掌握学习行业会计比较的方法？

练习题参考答案

一、填空题

1. 企业会计　非营利组织会计

2. 各种生产经营业务活动

3. 政府机构　不以营利为主要目的

4. 会计要素

5. 特殊业务的会计核算

二、多项选择题

1.ABCD　2.CD

三、简答题

（略）

第二章 

商品流通企业会计

学习目的和要求

学习本章的目的，是掌握针对商品流通企业经营特点的独特的会计核算方法。因此，要求学生在学习本章时，应在了解商品流通企业的会计核算特点的基础上，着重理解批发和零售商品流通企业各自在商品流转中购、销、存各环节的经济业务内容，全面掌握这两种类型的商品流通企业所涉及的经济业务的各种核算方法及具体会计处理的技能。

重点问题解析

本章的重点问题有三个：一是商品流通企业会计核算的特点；二是批发企业商品流转核算；三是零售企业商品流转核算。

学习商品流通企业会计核算的特点时，要注意与商品流通企业的经营特点相联系。如商品流通企业的会计核算分为批发企业会计核算和零售企业会计核算，这是由其组织形式所决定的。批发企业是指向生产企业或其他企业购进商品，供应给零售企业或其他批发企业用以转售，或供应给其他企业用以加工的商品流通企业；而零售企业是指向批发企业或生产企业购进商品，销售给个人消费，或销售给企事业单位等用于生产和非生产消费的商品流通企业。前者处于商品流转的起点或中间环节，是组织城乡之间、地区之间商品流通的桥梁；后者是直接为人民生活服务的基层商品流通企业。由于商品批发和零售业务有着较大的区别，因此，商品流通企业的会计核算也因核算对象类型的不同而有所不同。再如，商品流通企业会计的核算内容以商品流转为核心，这是由商品流通企业的主营业务购、销、存三个环节所决定的。商品购进是商品流转的起点；商品销售是商品流转的终点；商品储存是商品购进和商品销售的中间环节，也是商品流转的重要环节。就一个企业来看，商品流转的三个环节是其主要业务内容，自然也就构成了商品流通企业会计核算的核心内容。

商品流通企业会计核算的第三个特点最为重要。它既是本章的重点，也是本章的难点。不同类型的商品流通企业根据各自的经营特点和管理的需要，对商品流转的核算采用了不同的方法，归纳起来主要分为进价核算和售价核算两种。进价核算和售价核算又各分为金额核算和数量金额核算两种。进价核算是指以库存商品的购进价格来反映和控制商品购进、销售和储存的一种核算方法。这种方法又分为进价金额核算和数量进价金额核算两种。售价核算是指以库存商品的销售价格来反映和控制商品购进、销售和储存的一种核算方法。这种方法也分为售价金额核算和数量售价金额核算两种。在学习时，要注意理解和掌握各种核算方法的特点、优缺点和适用范围。

在学习批发企业商品流转核算时，首先，要注意它采用数量进价金额核算。这是其与零售企业商品流转核算的最大区别。其次，要分别从购、销、存三个方面来掌握批发企业商品流转核算的特点。

批发企业商品购进的核算，又分为同城商品购进和异地商品购进的核算。要侧重了解其业务程序，进而掌握其核算方法。对商品采购的明细分类核算，要分别掌握同行登记法和抽单核对法的特点和适用范围。此外，还要掌握批发企业商品购进业务所涉及的进货退出、购进商品退补价、购进商品发生短缺和溢余、购进商品发生拒付货款和拒收商品的核算方法。

批发企业商品销售的核算，又分为同城销售、异地销售、直运商品销售和代销商品销售，亦同样应侧重了解其业务程序，进而掌握其核算方法。此外，还应掌握销货退回、销售商品退补价与购货单位拒付货款和拒收商品的核算方法。

批发企业商品储存的核算，要注意掌握商品盘点短缺、溢余和商品削价的核算方法。

在学习零售企业商品流转核算时，首先，要注意它一般采用售价金额核算，即实行实物负责制，库存商品按含销项税额的售价记账，同时设置“商品进销差价”账户，反映商品进价与售价之间的差额。这一点不同于批发企业。其次，也要分别从购、销、存三个方面来掌握零售企业商品流转核算的特点。

零售企业商品购进的核算，应了解商品购进的业务程序，进而掌握商品购进、进货退出、购进商品退补价与购进商品发生短缺和溢余的核算方法。

零售企业商品销售的核算，也应先了解商品销售的业务程序，进而掌握商品销售和受托代销商品销售的核算方法。这里的重点是商品销售成本的调整。零售企业由于平时按商品售价结转商品销售成本，月末为了核算商品销售业务的经营成果，就需要通过计算和结转已销商品的进销差价将商品的销售成本由售价调整为进价。正确计算已销商品的进销差价是正确核算商品销售成本和期末库存商品价值的基础。

零售企业计算已销商品进销差价的方法有综合差价率推算法、分柜组差价率推算法和实际进销差价计算法三种。

综合差价率推算法是按全部商品的存销比例，推算本期销售商品应分摊进销差价的一种方法。具体的计算公式如下：

$$\text{综合差价率}=\frac{\text{结转前“商品进销差价”账户余额}}{\text{期末“库存商品”账户余额}+\text{期末“受托代销商品”账户余额}+\text{本期主营业务收入}}\times 100\%$$

本期已销商品进销差价=本期主营业务收入×综合差价率

分柜组差价率推算法是按各营业柜组或门市部的存销比例，推算本期销售商品应分摊进销差价的一种方法。这种方法要求按营业柜组分别计算，其计算方法与综合差价率推算法相同。

实际进销差价计算法是先计算出期末商品进销差价，进而逆算已销商品进销差价的一种方法。期末商品进销差价、已销商品进销差价的计算公式如下：

期末商品进销差价=期末库存商品售价金额-期末库存商品进价金额+期末受托代销商品售价金额-期末受托代销商品进价金额

已销商品进销差价=结账前“商品进销差价”账户余额-期末商品进销差价

此外，还要注意商品销售收入的调整。由于零售企业平时在“主营业务收入”账户中反映的是含税收入，因此到月末就需要进行调整，将含税收入中的销项税额分离出来，才能使“主营业务收入”账户反映企业真正的销售额。含税收入的调整公式如下：

$$销售额=\frac{含税收入}{1+增值税税率}$$

销项税额=含税收入-销售额

零售企业商品储存的核算，则应重点掌握商品的调价、削价、内部调拨、盘点缺溢及库存商品和商品进销差价明细核算等内容。

由于零售企业经营的商品，除工业品外还有鱼、肉、蛋、禽、水果和蔬菜等鲜活商品，因此还应了解和掌握鲜活商品的特点与核算方法。这里要注意，鲜活商品一般采用“进价金额核算、盘存计销”的核算方法。采用这种核算方法，虽然可以简化手续，平时也可以随时调整商品售价，利于销售，但由于期末是倒挤销售成本，对平时发生的损耗或责任事故无法控制，因而易造成成本不实。因此，这种核算方法只适用于鲜活商品的核算，其他商品不宜采用。

随着经济的发展和“互联网+”时代的到来，实体销售的联营模式和无店铺的网络销售也应运而生。联营模式是商家借助实体经营场所来营销商品，即经销商与商场合作分利的销售态势；网络销售是商家借助虚拟网络来营销商品，是电子商务的重要组成部分。

练习题

一、填空题

1. 商品流通企业的组织形式按其在商品流转中所处的地位和作用不同，分为________和________两种类型。

2. 商品流转业务主要包括________、________和________三个环节。

3. 商品流通企业根据各自的经营特点和管理的需要，对商品流转的核算采用了不同的方法，归纳起来主要分为________和________两种。

4. 鲜活商品不宜采用售价金额核算，一般采用“________、________”的核算方法。

5. 零售商品削价后的新售价低于原价时，将削价减值的金额借记“________”账户，贷记“________”账户，其削价损失体现在商品经营损益内。

6. 网络销售交易模式主要有__________和__________两种形式。

7. 联营返点实质是一种________行为。

二、单项选择题

1. 批发企业购进商品运输途中的自然损耗应列支为（　　）。

A. 由供货单位补发商品或作进货退出处理

B. 销售费用

C. 其他应收款

D. 营业外支出

2. “商品进销差价”账户是资产类账户，其抵减的账户是（　　）。

A. “商品采购”　　B. “库存商品”

C. “主营业务收入”　　D. “受托代销商品”

3. 进价金额核算适用于（　　）。

A. 商品批发企业　　B. 农副产品收购企业

C. 专业性零售企业　　D. 经营鲜活商品的零售企业

4. 企业取得的购货折扣应（　　）。

A. 列入“营业外收入”账户　　B. 冲减“财务费用”账户

C. 归入“小金库”不入账　　D. 冲减商品采购成本

5. 采用售价金额核算的企业在商品销售的同时，将库存商品按售价金额转入“主营业务成本”账户是为了（　　）。

A. 及时反映各营业柜组经营商品的库存额

B. 及时反映各营业柜组的经济责任

C. 月末计算和结转已销商品进销差价

D. 简化核算工作

6. 返券促销时应设置（　　）账户核算赠券消费额。

A. “主营业务收入”　　B. “主营业务成本”

C. “合同负债”　　D. “预计负债”

三、多项选择题

1. 同城商品销售的交接方式一般采用“送货制”或“提货制”，货款的结算方式一般采用（　　）。

A. 转账支票　　B. 商业汇票

C. 网银转账　　D. 现金

2. 下列可作为商品购进的入账时间的有（　　）。

A. 支付货款的时间　　B. 收到商品的时间

C. 支付货款同时收到商品的时间　　D. 预付货款的时间

3. “商品采购”账户用以核算企业购入商品的采购成本，它包括（　　）。

A. 商品的货款　　B. 应计入成本的收购费用

C. 采购商品的运杂费　　D. 采购商品的税金

4. 用综合差价率推算法计算已销商品进销差价，需要依据相关账户的期末余额，这些账户包括“商品进销差价”、“库存商品”及（　　）。

A. “主营业务收入”

B. 作为商品购销业务处理的“受托代销商品”

C. 结算代销手续费方式的“受托代销商品”

D. “主营业务成本”

5.采用售价金额核算，月末需要调整的账户有（　　）。

A.“库存商品”　　B.“商品进销差价”

C.“主营业务收入”　　D.“主营业务成本”

6.联营模式是指（　　）。

A.经销商负责货源、组织进货　　B.商场提供销售场所

C.商场统一管理销售活动　　D.经销商自行收款

四、判断题

1.购进专供本单位自用的商品不属于商品购进的范围。（　　）

2.为代收手续费替其他单位代销的商品不属于商品销售的范围。（　　）

3.进价金额核算是指库存商品总分类账和明细分类账除均按商品进价金额反映外，同时明细分类账还必须反映商品实物数量的一种核算方法。（　　）

4.“代管商品物资”账户不与其他账户发生对应关系，只作单式记录。（　　）

5.采用直运商品销售，可以不通过“库存商品”账户，而直接在“商品采购”账户中进行核算。（　　）

实务训练

1.批发企业商品购进、进货退出及购进商品退补价的核算

（1）大连鞋帽公司2024年6月份发生下列经济业务：

①1日，业务部门转来大连制帽厂开来的增值税专用发票（如图2-1所示），开列童帽375箱，每箱300元，共计货款112 500元，增值税税额14 625元，并收到自行填制的收货单（结算联）467号，经审核无误，当即签发转账支票付讫。

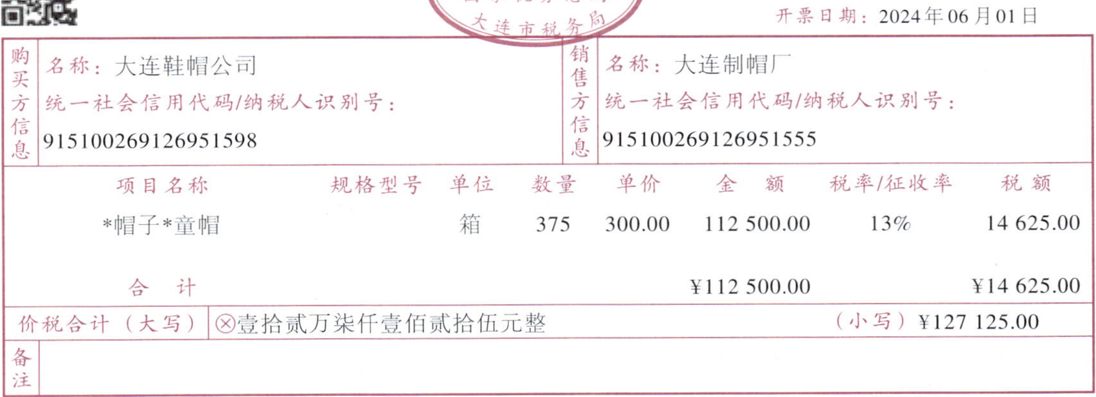

电子发票（增值税专用发票）

发票号码：24141000500034001228
开票日期：2024年06月01日

购买方信息	名称：大连鞋帽公司 统一社会信用代码/纳税人识别号： 915100269126951598	销售方信息	名称：大连制帽厂 统一社会信用代码/纳税人识别号： 915100269126951555

项目名称	规格型号	单位	数量	单价	金额	税率/征收率	税额
*帽子*童帽		箱	375	300.00	112 500.00	13%	14 625.00
合　计					¥112 500.00		¥14 625.00
价税合计（大写）	⊗壹拾贰万柒仟壹佰贰拾伍元整					（小写）	¥127 125.00
备注							

开票人：张燕

图2-1　增值税专用发票（1）

②3日，向大连运动鞋厂订购26厘米运动鞋5 000双，每双37.5元，合同规定先预付不含税货款的30%，15天后交货时，再支付剩余款项。3日，签发转账支票（支票存根如

图2-2所示），预付大连运动鞋厂运动鞋货款56 250元。

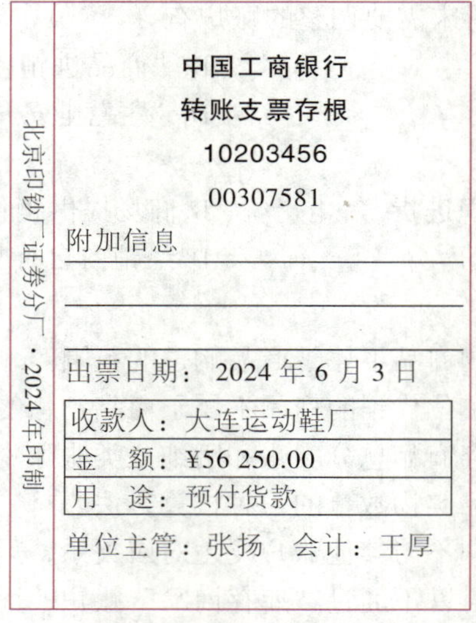

北京印钞厂证券分厂·2024年印制

中国工商银行
转账支票存根
10203456
00307581

附加信息

出票日期：2024年6月3日

收款人：大连运动鞋厂
金　额：¥56 250.00
用　途：预付货款

单位主管：张扬　会计：王厚

图2-2　转账支票存根（1）

③4日，储运部门转来收货单（入库联）468号，向大连制帽厂购进童帽350箱，每箱200元，已全部验收入库，结转童帽的采购成本。

④14日，收到厦门运动鞋厂的增值税专用发票2张（如图2-3、图2-4所示），分别开列23厘米运动鞋2 000双、每双30元，25厘米运动鞋3 000双、每双36元，共计货款168 000元，增值税税额21 840元，运费增值税专用发票上注明的运费价税合计为330元（如图2-5所示），并收到自行填制的收货单（结算联）470号、471号，经审核无误，当即支付了货款和运费合计金额为190 170元。

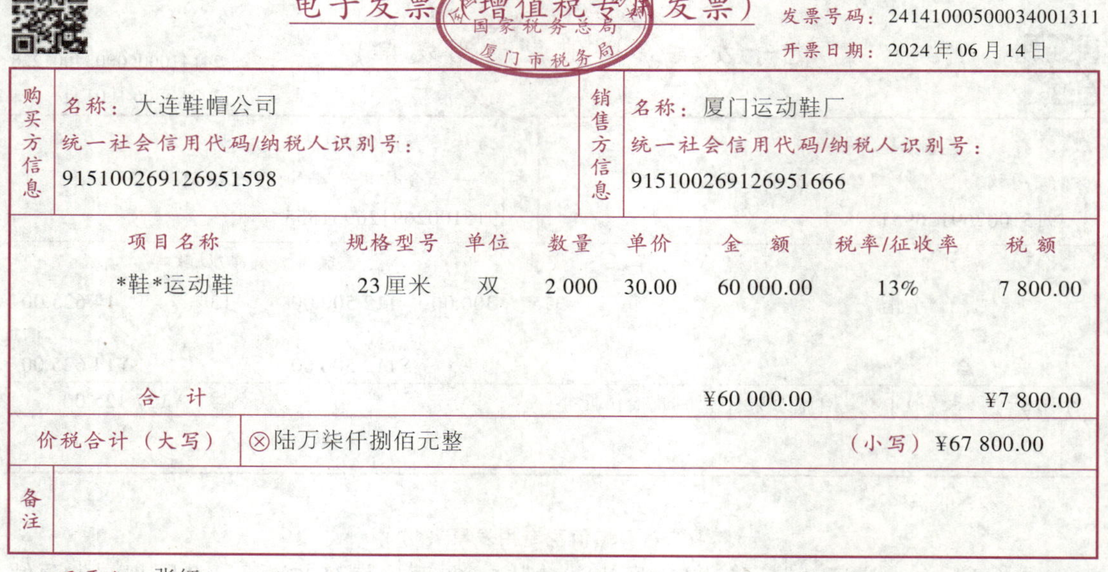

电子发票（增值税专用发票）

全国统一发票监制 国家税务总局 厦门市税务局

发票号码：24141000500034001311
开票日期：2024年06月14日

购买方信息	名称：大连鞋帽公司 统一社会信用代码/纳税人识别号： 915100269126951598	销售方信息	名称：厦门运动鞋厂 统一社会信用代码/纳税人识别号： 915100269126951666

项目名称	规格型号	单位	数量	单价	金额	税率/征收率	税额
*鞋*运动鞋	23厘米	双	2 000	30.00	60 000.00	13%	7 800.00
合计					¥60 000.00		¥7 800.00
价税合计（大写）	⊗陆万柒仟捌佰元整					（小写）	¥67 800.00
备注							

开票人：张红

图2-3　增值税专用发票（2）

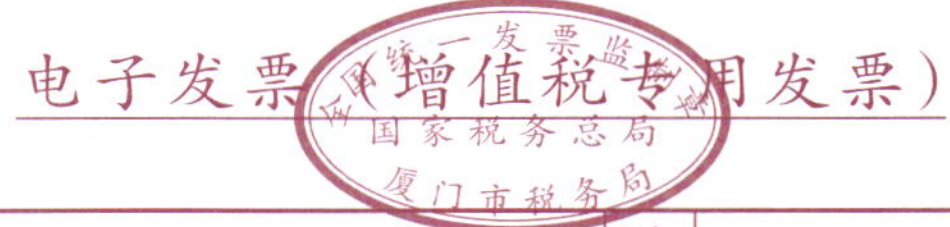

电子发票（增值税专用发票）

全国统一发票监制章 国家税务总局 厦门市税务局

发票号码：24141000500034001332
开票日期：2024年06月14日

购买方信息	名称：大连鞋帽公司 统一社会信用代码/纳税人识别号： 915100269126951598	销售方信息	名称：厦门运动鞋厂 统一社会信用代码/纳税人识别号： 915100269126951666

项目名称	规格型号	单位	数量	单价	金额	税率/征收率	税额
*鞋*运动鞋	25厘米	双	3 000	36.00	108 000.00	13%	14 040.00
合计					¥108 000.00		¥14 040.00
价税合计（大写）	⊗壹拾贰万贰仟零肆拾元整					（小写）	¥122 040.00
备注							

开票人：张红

图2-4　增值税专用发票（3）

货物运输服务

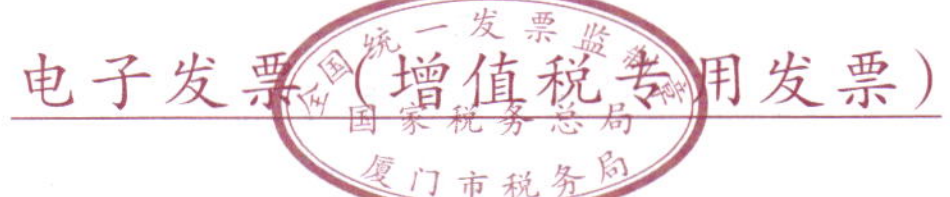

电子发票（增值税专用发票）

全国统一发票监制章 国家税务总局 厦门市税务局

发票号码：24141000000039004210
开票日期：2024年6月14日

购买方信息	名称：大连鞋帽公司 统一社会信用代码/纳税人识别号： 915100269126951598	销售方信息	名称：厦门铁路局 统一社会信用代码/纳税人识别号： 915100269126951333

项目名称	单位	数量	单价	金额	税率/征收率	税额
*运输服务*国内铁路货物运输服务				302.75	9%	27.25
合计				¥302.75		¥27.25

运输工具种类	运输工具牌号	起运地	到达地	运输货物名称
铁路货车	沈段125	厦门市	大连市	鞋

价税合计（大写）	⊗叁佰叁拾元整	（小写）	¥330.00
备注			

开票人：李红

图2-5　增值税专用发票（4）

⑤20日，业务部门转来大连运动鞋厂开来的增值税专用发票（如图2-6所示），开列26厘米运动鞋5 000双，每双37.5元，共计货款187 500元，增值税税额24 375元，并收到自行填制的收货单（结算联）472号，现扣除已预付30%的货款后，签发转账支票（如图2-7所示），付清其余70%的货款及全部增值税税额。

（2）大连交电公司2024年6月份发生下列经济业务：

①7日，开箱复验商品，发现入库的华生牌台扇中有30台质量不符合要求，每台160元，与大连电扇厂联系后其同意退货，收到其退货的红字增值税专用发票，应退货款4 800元，增值税税额624元，并收到业务部门转来的进货退出单（结算联）011号。

②8日，储运部门转来进货退出单（出库联）011号，将30台质量不符合要求的华生牌台扇退还厂方，并收到对方退还货款及增值税税额的转账支票5 424元，存入银行。

发票号码：24141000500034004228
开票日期：2024年06月20日

购买方信息	名称：大连鞋帽公司 统一社会信用代码/纳税人识别号： 915100269126951598			销售方信息	名称：大连运动鞋厂 统一社会信用代码/纳税人识别号： 915100269126954321		
项目名称	规格型号	单位	数量	单价	金额	税率/征收率	税额
*鞋*运动鞋	26厘米	双	5 000	37.50	187 500.00	13%	24 375.00
合计					¥187 500.00		¥24 375.00
价税合计（大写）	⊗贰拾壹万壹仟捌佰柒拾伍元整				（小写）¥211 875.00		
备注							

开票人：陈宇

图2-6　增值税专用发票（5）

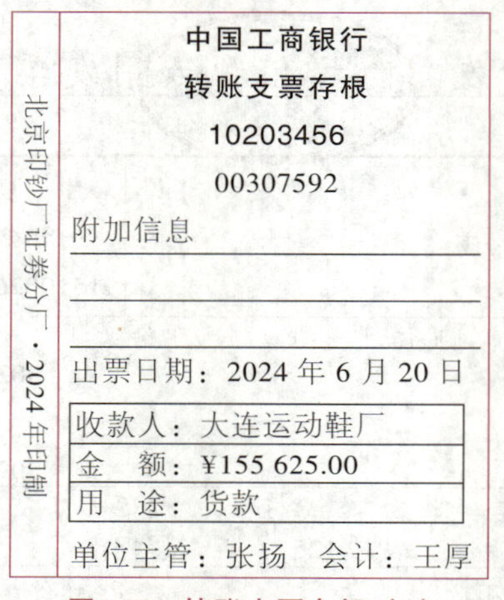

中国工商银行
转账支票存根
10203456
00307592
附加信息
出票日期：2024 年 6 月 20 日
收款人：大连运动鞋厂
金　额：¥155 625.00
用　途：货款
单位主管：张扬　会计：王厚
北京印钞厂证券分厂·2024 年印制

图2-7　转账支票存根（2）

③22日，储运部门转来收货单（入库联）235号，向光辉灯具厂购进书写台灯100箱，每箱205元，已全部验收入库，结转台灯的采购成本。

④24日，业务部门转来光辉灯具厂的更正增值税专用发票248号，更正本月22日发票错误，列明书写台灯每箱应为202元，应退货款300元，增值税税额39元。

⑤26日，收到光辉灯具厂转账支票一张，金额339元，系退差价款及增值税税额，转账支票已存入银行。

⑥29日，业务部门转来大连自行车厂增值税专用发票，开列28式永久牌自行车100辆，每辆270元，货款共计27 000元，增值税税额3 510元，并收到自行填制的收货单（结算联）236号，款项尚未支付。

⑦30日，业务部门转来大连自行车厂的更正增值税专用发票，更正本月29日发票错误，列明28式永久牌自行车每辆应为272元，补收货款200元，增值税税额26元，经审核无误，连同前欠款项一并以转账支票付讫。

本题（2）相关的增值税发票、转账支票等原始凭证略。

要求：编制相关会计分录。

2.批发企业直运商品销售的核算

大连百货公司2024年6月份发生下列经济业务：

（1）8日，收到杭州造纸厂的增值税专用发票（如图2-8所示），开列白板纸200令，每令250元，共计货款50 000元，增值税税额6 500元，该商品已直接通过铁路运输发送给广州百货公司，代垫运费250元。经审核与合同相符，当即支付了货款和运费合计金额为56 750元。

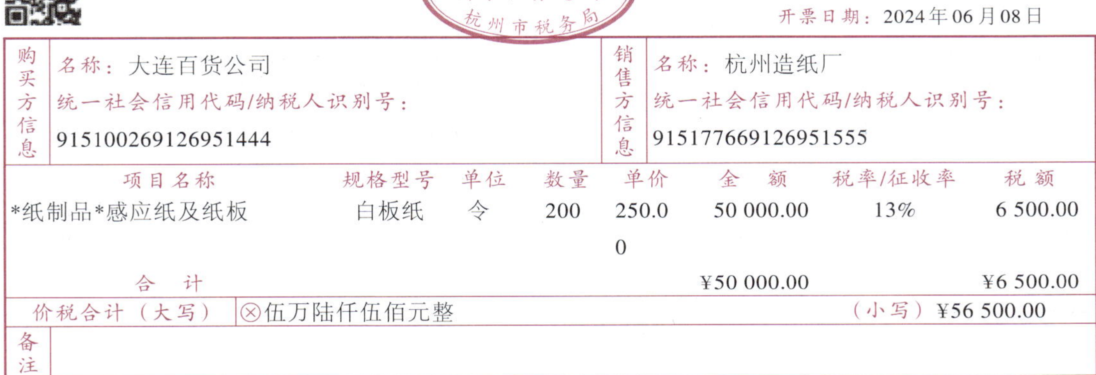

电子发票（增值税专用发票）

发票号码：24141000500034004227
开票日期：2024年06月08日

购买方信息	名称：大连百货公司 统一社会信用代码/纳税人识别号： 915100269126951444	销售方信息	名称：杭州造纸厂 统一社会信用代码/纳税人识别号： 915177669126951555

项目名称	规格型号	单位	数量	单价	金额	税率/征收率	税额
*纸制品*感应纸及纸板	白板纸	令	200	250.00	50 000.00	13%	6 500.00
合计					¥50 000.00		¥6 500.00
价税合计（大写）	⊗伍万陆仟伍佰元整				（小写）¥56 500.00		
备注							

开票人：蒋明

图2-8　增值税专用发票（6）

（2）10日，给采购方广州百货公司开具增值税专用发票（如图2-9所示），商品已发往广州。该白板纸销售单价为每令351元，共计货款70 200元，增值税税额9 126元，代垫的运费为250元。

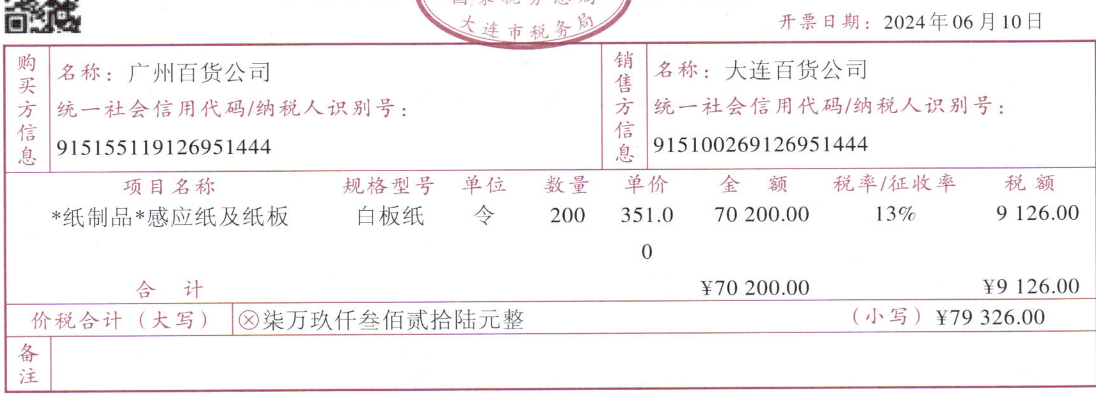

电子发票（增值税专用发票）

发票号码：24141000500034001728
开票日期：2024年06月10日

购买方信息	名称：广州百货公司 统一社会信用代码/纳税人识别号： 915155119126951444	销售方信息	名称：大连百货公司 统一社会信用代码/纳税人识别号： 915100269126951444

项目名称	规格型号	单位	数量	单价	金额	税率/征收率	税额
*纸制品*感应纸及纸板	白板纸	令	200	351.00	70 200.00	13%	9 126.00
合计					¥70 200.00		¥9 126.00
价税合计（大写）	⊗柒万玖仟叁佰贰拾陆元整				（小写）¥79 326.00		
备注							

开票人：蒋子昂

图2-9　增值税专用发票（7）

（3）16日，银行收到2笔款项合计金额为97 080元，其中，天津百货公司54 720元，青岛百货公司42 360元。

（4）23日，收到杭州造纸厂的增值税专用发票（如图2-10所示），开列白板纸250令，每令220元，共计货款55 000元，增值税税额7 150元，该商品已直接发往西安百货公司，杭州至西安的运费为400元（发票略）。经审核与合同相符，予以支付货款和运费合计金额为62 550元，根据合同规定，运费由本企业负担10%，购买方西安百货公司负担90%。

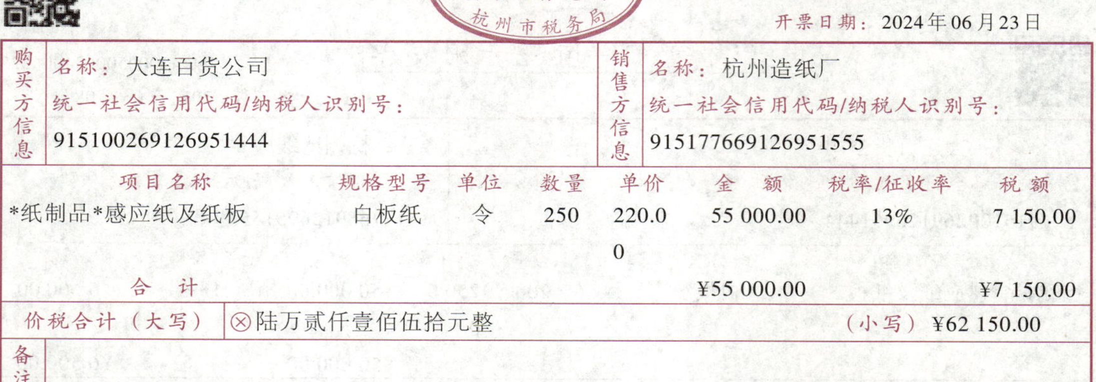

电子发票（增值税专用发票）

发票号码：24141000500034004229

开票日期：2024年06月23日

购买方信息	名称：大连百货公司 统一社会信用代码/纳税人识别号： 915100269126951444	销售方信息	名称：杭州造纸厂 统一社会信用代码/纳税人识别号： 915177669126951555

项目名称	规格型号	单位	数量	单价	金额	税率/征收率	税额
*纸制品*感应纸及纸板	白板纸	令	250	220.00	55 000.00	13%	7 150.00
合计					¥55 000.00		¥7 150.00
价税合计（大写）	⊗陆万贰仟壹佰伍拾元整					（小写）	¥62 150.00
备注							

开票人：蒋明

图2-10 增值税专用发票（8）

要求：编制相关会计分录。

3.批发企业商品盘点缺溢和存货跌价准备的核算

（1）商品盘点缺溢的核算。

大连百货公司2024年6月份发生下列商品盘点短缺和溢余的经济业务：

①24日，储运部门送来商品盘点短缺溢余报告单，见表2-1。

表2-1 商品盘点短缺溢余报告单

2024年6月24日　　　　金额单位：元

品名	计量单位	单价	账存数量	实存数量	短缺		溢余		原因
					数量	金额	数量	金额	
裕华硼酸浴皂	10块	8	2 256	2 253	3	24			待查
扇牌檀香皂	10块	12	1 775	1 875			100	1 200	待查
白丽美容皂	10块	16	3 692	3 672	20	320			待查
樟脑丸	千克	15	4 217	4 215	2	30			待查
合计						374		1 200	

②27日，查明裕华硼酸浴皂短缺，系保管人员责任，决定由保管人员赔偿，赔偿款尚未收到。

③28日，查明扇牌檀香皂溢余是由于大连制皂厂多发，作为商品购进，现厂方补来增值税专用发票（如图2-11所示），列明货款1 200元，增值税税额156元，款项尚未支付。

电子发票（增值税专用发票）

发票号码：24141000500034005297

开票日期：2024年06月28日

购买方信息	名称：大连百货公司 统一社会信用代码/纳税人识别号： 915100269126951444	销售方信息	名称：大连制皂厂 统一社会信用代码/纳税人识别号： 915100269126951577

项目名称	规格型号	单位	数量	单价	金额	税率/征收率	税额
*洗涤剂*肥（香）皂*檀香皂	扇牌	10块	100	12.00	1 200.00	13%	156.00
合　计					¥1 200.00		¥156.00
价税合计（大写）	⊗壹仟叁佰伍拾陆元整					（小写）	¥1 356.00
备注							

开票人：张贤

图2-11　增值税专用发票（9）

④30日，查明白丽美容皂短缺的原因是销货时多发给华联商厦，补作销货，已开出增值税专用发票（如图2-12所示），列明货款360元，增值税税额46.80元，款项尚未收到。

电子发票（增值税专用发票）

全国统一发票监制章　国家税务总局　大连市税务局

发票号码：24141000500034006299

开票日期：2024年06月30日

购买方信息	名称：华联商厦 统一社会信用代码/纳税人识别号： 915198769126998765	销售方信息	名称：大连百货公司 统一社会信用代码/纳税人识别号： 915100269126951444

项目名称	规格型号	单位	数量	单价	金额	税率/征收率	税额
*洗涤剂*肥（香）皂*美容皂	白丽	10块	20	18.00	360.00	13%	46.80
合　计					¥360.00		¥46.80
价税合计（大写）	⊗肆佰零陆元捌角整					（小写）	¥406.80
备注							

开票人：蒋子昂

图2-12　增值税专用发票（10）

⑤31日，查明樟脑丸短缺系自然挥发所致，作商品损耗处理。

（2）存货跌价准备的核算。

大连百货公司2024年10月31日“存货跌价准备”账户贷方余额为1 450元。该企业采用月末定期结转商品销售成本的方法，11月份、12月份发生下列有关经济业务：

① 11月4日，削价销售因式样陈旧而滞销的快乐牌收录机10台，每台356元，共计货款3 560元，增值税税额462.80元，收到转账支票存入银行。该收录机每台进价376元，用存货跌价准备金弥补削价损失。

② 11月16日，削价销售因式样陈旧而滞销的大连牌收录机20台，每台400元，共计货款8 000元，增值税税额1 040元，收到转账支票存入银行。该收录机每台进价420元，用存货跌价准备金弥补削价损失。

③ 11月30日，按“库存商品”账户余额300 000元的3‰计提存货跌价准备金。

④ 11月30日，结转本月份收录机类的商品销售成本。

⑤ 11月30日，将损益类账户结转至“本年利润”账户。

⑥ 12月15日，削价销售因式样陈旧而滞销的凯歌牌收录机25台，每台410元，共计货款10 250元，增值税税额1 332.50元，收到转账支票存入银行。该收录机每台进价425元，用存货跌价准备金弥补削价损失。

⑦ 12月31日，按“库存商品”账户余额265 000元的3‰计提存货跌价准备金。

⑧ 12月31日，结转本月份收录机类的商品销售成本。

⑨ 12月31日，将损益类账户结转至“本年利润”账户。

要求：

（1）编制相关会计分录。

（2）根据资料（2）开设并登记存货跌价准备、主营业务收入和主营业务成本总分类账。

4.进价金额的核算

大连副食品商店2024年10月份发生下列经济业务：

（1）3日，从肉食品公司购进各种肉类一批，共计货款86 400元，增值税税额11 232元，当即签发转账支票付讫。

（2）3日，业务部门转来收货单，向肉食品公司购进猪肉7 500千克，每千克10元；牛肉1 200千克，每千克15元；羊肉600千克，每千克12元。商品全部验收入库。

（3）7日，业务部门转来收货单，向水产公司购进鲤鱼4 500千克，每千克12元，验收时发现短少2千克，系途中损耗，货款尚未支付。

（4）15日，收到各营业部门交来的销货现金及商品销售收入缴款单，其中，肉食品类70 399元，水产类51 980元，现金已全部解存银行。

（5）28日，发现仓库内有20千克带鱼由于管理不善导致变质，购进单价为8元，经领导批准作企业损失处理。

（6）31日，收到各营业部门交来的销货现金及商品销售收入缴款单，其中，肉食品类62 263元，水产类45 765元，现金已全部解存银行。

（7）31日，月末盘点商品，肉食品类结存25 000元，水产类结存12 000元。期初结存数为肉食品类22 390元、水产类16 060元。结转本月商品销售成本。

本题目涉及相关业务增值税税率为13%，相关业务原始凭证略。

要求：编制相关会计分录。

5.零售企业商品购进及其发生短缺溢余的核算

（1）华联商厦2024年6月份发生下列经济业务：

①8日，收到盐城无线电厂的增值税专用发票（如图2-13所示），开列海华牌收录机150台，每台420元，共计货款63 000元，增值税税额8 190元，运费凭证上注明的运费为120元（含税，增值税税率为9%，运费发票略），经审核无误，当即支付了货款和运费合计金额为71 310元。

②12日，盐城无线电厂发来海华牌收录机150台，开列收录机货款63 000元，商品由电器柜验收，该收录机每台零售价为600元。

③18日，向大连五金公司购进商品一批，五金柜验收后转来收货单，结转商品采购成本。购进价、零售价汇总表见表2-2。

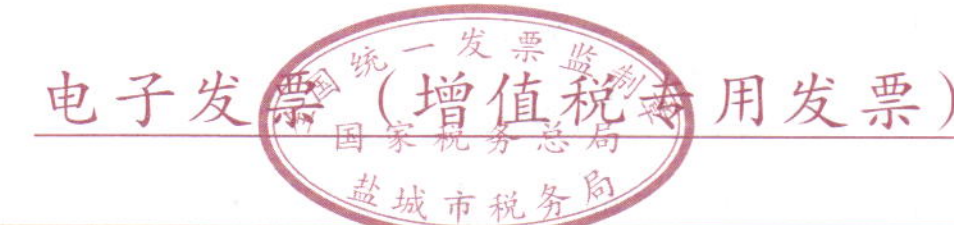

电子发票（增值税专用发票）　全国统一发票监制章 国家税务总局 盐城市税务局

发票号码：24141000500034007221
开票日期：2024年06月08日

购买方信息	名称：华联商厦 统一社会信用代码/纳税人识别号： 915198769126998765	销售方信息	名称：盐城无线电厂 统一社会信用代码/纳税人识别号： 915119969126998765

项目名称	规格型号	单位	数量	单价	金额	税率/征收率	税额
*家用音视频设备*家用音响设备*收录机	海华牌	台	150	420.00	63 000.00	13%	8 190.00
合计					¥63 000.00		¥8 190.00
价税合计（大写）	⊗柒万壹仟壹佰玖拾元整				（小写）¥71 190.00		
备注							

开票人：蒋太

图2-13　增值税专用发票（11）

表2-2　**购进价、零售价汇总表**　金额单位：元

品名	购进价				零售价			
	单位	数量	单价	金额	单位	数量	单价	金额
指甲钳	10支	250	20	5 000	支	2 500	2.70	6 750
单开刀	10把	180	22.20	3 996	把	1 800	3	5 400
水果刀	10把	300	23	6 900	把	3 000	3.10	9 300

④20日，收到大连五金公司增值税专用发票（如图2-14所示），列明所购五金工具300把，货款23 844元，增值税税额3 099.72元。其零售价为100元/把，经查商品已入库，款项以商业承兑汇票付讫。

电子发票（增值税专用发票）　全国统一发票监制章 国家税务总局 大连市税务局

发票号码：24141000500034007237
开票日期：2024年06月20日

购买方信息	名称：华联商厦 统一社会信用代码/纳税人识别号： 915198769126998765	销售方信息	名称：大连五金公司 统一社会信用代码/纳税人识别号： 915111119126951577

项目名称	规格型号	单位	数量	单价	金额	税率/征收率	税额
*家具、建筑用金属附件及架座；金属制建筑装饰及其零件*五金工具		把	300	79.48	23 844.00	13%	3 099.72
合计					¥23 844.00		¥3 099.72
价税合计（大写）	⊗贰万陆仟玖佰肆拾叁元柒角贰分				（小写）¥26 943.72		
备注							

开票人：冯子峰

图2-14　增值税专用发票（12）

（2）城南商厦2024年6月份发生下列经济业务：

①1日，收到厦门服装公司的增值税专用发票（如图2-15所示），开列牛仔裤1 000条，每条56元，共计货款56 000元，增值税税额7 280元，运费增值税专用发票上注明的运费为200元（含税，增值税税率为9%，运费发票略），经审核无误，当即支付了货款和运费合计金额为63 480元。

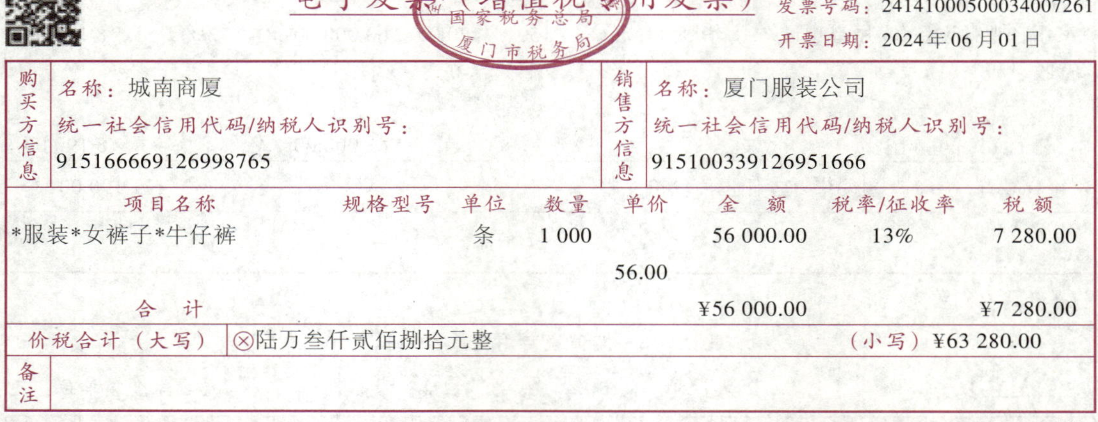
电子发票（增值税专用发票）

全国统一发票监制章 国家税务总局 厦门市税务局

发票号码：24141000500034007261
开票日期：2024年06月01日

购买方信息	名称：城南商厦 统一社会信用代码/纳税人识别号： 915166669126998765	销售方信息	名称：厦门服装公司 统一社会信用代码/纳税人识别号： 915100339126951666

项目名称	规格型号	单位	数量	单价	金额	税率/征收率	税额
*服装*女裤子*牛仔裤		条	1 000	56.00	56 000.00	13%	7 280.00
合计					¥56 000.00		¥7 280.00
价税合计（大写）	⊗陆万叁仟贰佰捌拾元整					（小写）	¥63 280.00
备注							

开票人：冯封

图2-15　增值税专用发票（13）

②6日，厦门服装公司发来牛仔裤，牛仔裤已由服装柜验收，实收980条，短缺20条，服装柜送来商品购进短缺报告单，原因待查。结转牛仔裤的采购成本，牛仔裤每条零售价为80元。

③10日，收到天津果品公司的增值税专用发票（如图2-16所示），开列红枣2 000千克，每千克9元，共计货款18 000元，增值税税额2 340元，运费增值税专用发票上注明的运费为200元（含税，增值税税率为9%，运费发票略），查验与合同相符，当即支付了货款和运费合计金额为20 540元。

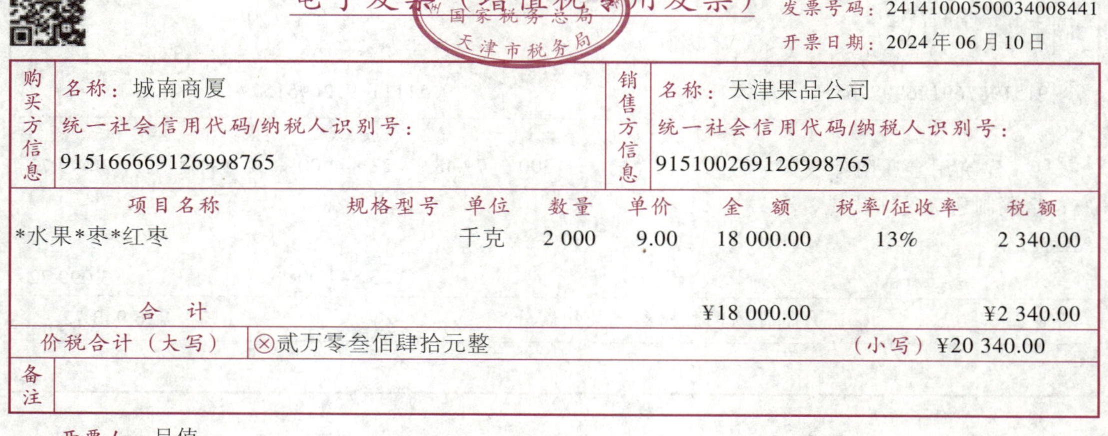
电子发票（增值税专用发票）

全国统一发票监制章 国家税务总局 天津市税务局

发票号码：24141000500034008441
开票日期：2024年06月10日

购买方信息	名称：城南商厦 统一社会信用代码/纳税人识别号： 915166669126998765	销售方信息	名称：天津果品公司 统一社会信用代码/纳税人识别号： 915100269126998765

项目名称	规格型号	单位	数量	单价	金额	税率/征收率	税额
*水果*枣*红枣		千克	2 000	9.00	18 000.00	13%	2 340.00
合计					¥18 000.00		¥2 340.00
价税合计（大写）	⊗贰万零叁佰肆拾元整					（小写）	¥20 340.00
备注							

开票人：吕值

图2-16　增值税专用发票（14）

④15日，天津果品公司发来红枣，红枣已由食品柜验收，实收2 100千克，溢余100千克，食品柜送来商品购进溢余报告单，原因待查。结转红枣的采购成本，红枣每千克零售价为15元。

⑤22日，云南制糖厂发来白砂糖，白砂糖已由烟糖柜验收，实收9 894千克，短缺106千克，烟糖柜送来商品购进短缺报告单，原因待查。结转白砂糖的采购成本，白砂糖每千克进价为3.20元，零售价为4.40元。

⑥27日，今查明6日短缺牛仔裤20条是提货人员失职造成的，经审批决定其中25%责成提货人员赔偿，其余75%作为企业损失。

⑦29日，今查明15日溢余红枣100千克，其中90千克是对方多发商品，经联系后同意作为购进，天津果品公司已补来增值税专用发票（如图2-17所示），其余10千克是自然升溢，予以转账。

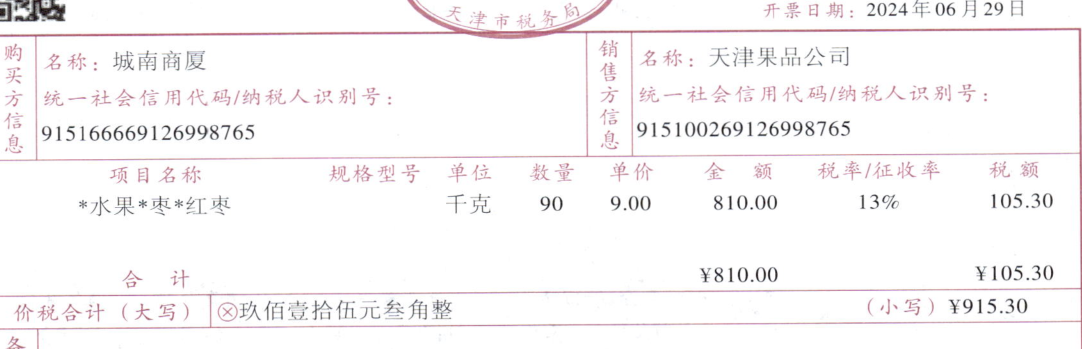

电子发票（增值税专用发票）

全国统一发票监制章 国家税务总局 天津市税务局

发票号码：24141000500034008428
开票日期：2024年06月29日

购买方信息	名称：城南商厦 统一社会信用代码/纳税人识别号： 915166669126998765	销售方信息	名称：天津果品公司 统一社会信用代码/纳税人识别号： 915100269126998765

项目名称	规格型号	单位	数量	单价	金额	税率/征收率	税额
*水果*枣*红枣		千克	90	9.00	810.00	13%	105.30
合　计					¥810.00		¥105.30
价税合计（大写）	⊗玖佰壹拾伍元叁角整					（小写）	¥915.30
备注							

开票人：蒋子昂

图2-17　增值税专用发票（15）

⑧30日，今查明22日短缺白砂糖106千克，其中100千克是对方少发造成的，经联系后，云南制糖厂决定不再补发商品，已开来红字增值税专用发票作退货处理，其余6千克是自然损耗，予以转账。

要求：编制相关会计分录。

6.零售企业商品销售成本和商品销售收入的调整

（1）新昌商厦2024年12月31日有关账户余额，见表2-3。

表2-3　**有关账户余额表**　　单位：元

“库存商品”账户余额	329 600	“受托代销商品”账户余额	61 400
其中：百货组	123 400	其中：百货组	25 400
服装组	88 500	服装组	36 000
食品组	117 700		
“主营业务收入”账户余额	374 000	“主营业务成本”账户余额	374 000
其中：百货组	139 600	其中：百货组	139 600
服装组	121 200	服装组	121 200
食品组	113 200	食品组	113 200

续表

“商品进销差价”账户余额	192 030	
其中：百货组	69 620	
服装组	61 868	
食品组	60 542	

（2）各柜组商品的增值税税率均为13%。

（3）年末各营业柜组编制商品盘存表，分别计算出实际结存商品（包括受托代销商品）的购进金额，其中，百货组为112 752元，服装组为93 045元，食品组为86 918元。

要求：

（1）根据资料（1）分别用综合差价率推算法和分柜组差价率推算法调整商品销售成本。

（2）根据资料（1）、（3）用实际进销差价计算法调整商品销售成本。

（3）根据资料（1）、（2）调整本月份主营业务收入。

7. 零售企业商品储存中的调价、削价及商品缺溢的核算

胜利百货商场是一家商业零售企业，本月份发生的涉及商品调价、削价以及商品缺溢业务如下：

（1）调价。

胜利百货商场鞋帽部从2024年6月1日起对某品牌皮鞋售价进行调整，商品调价单见表2-4。

表2-4 商品调价单

部门：鞋帽部　　2024年6月1日　　单位：元

品名	型号	单位	数量	单价（元/双）		单价差额（元/双）		调高金额（元）	调低金额（元）
				新价	原价	增加	减少		
女皮鞋	全码	双	50	1 200	1 100	100		5 000	
合计			50					5 000	

（2）削价。

胜利百货商场服装部2024年6月份对100件羽绒服削价出售，每件原售价1 200元，进价800元。现削价为每件819元，全部售出。

（3）商品缺溢。

胜利百货商场服装部2024年6月30日盘点时，发现商品短缺100元，填制“商品盘点短缺溢余报告单”，见表2-5。

表2-5 商品盘点短缺溢余报告单

填制部门：服装部　　2024年6月30日　　金额单位：元

账存金额	117 800	溢余金额		短缺或溢余原因	保管不善丢失
实存金额	117 700	短缺金额	100		
上月本柜组差价率			25%		
溢余商品差价		溢余商品进价			
短缺商品差价	25	短缺商品进价	75		
领导批复		部门意见		责任人王某赔偿	

要求：根据业务内容进行相应的计算并作出账务处理。

练习题参考答案

一、填空题

1. 批发企业　零售企业
2. 商品购进　商品销售　商品储存
3. 进价核算　售价核算
4. 进价金额核算　盘存计销
5. 商品进销差价　库存商品
6. 先付款后发货　先发货后付款
7. 代销

二、单项选择题

1.B　2.B　3.D　4.D·5.D　6.C

三、多项选择题

1.ABCD　2.ABC　3.AB　4.AB　5.BCD　6.ABC

四、判断题

1.√

凡是不通过货币结算而收到的商品，或者不是为销售而购进的商品，都不属于商品购进的范围。

2.√

通过收取手续费替其他单位代销的商品，受托单位没有取得商品的控制权，因此，不属于商品销售的范围。

3.×

进价金额核算是指库存商品总分类账和明细分类账都只反映商品进价金额，不反映实物数量的一种核算方法。数量进价金额核算是指库存商品总分类账和明细分类账除均按商品进价金额反映外，同时明细分类账还必须反映商品实物数量的一种核算方法。

4.√

“代管商品物资”账户是表外账户，用以核算企业受托代管的各项商品、物资及借入的包装物等。收进时，记入其借方；发出时，记入其贷方。该账户可只记数量，不记金额。因此，“代管商品物资”账户不与其他账户发生对应关系，只作单式记录。

5.√

采用直运商品销售，商品不通过批发企业仓库的储存环节，因此可以不通过“库存商品”账户，而直接在“商品采购”账户中进行核算。

实务训练提示

1.批发企业商品购进、进货退出及购进商品退补价的核算

（1）①借：商品采购——大连制帽厂　　　112 500

借：应交税费——应交增值税（进项税额） 14 625
贷：银行存款 127 125
②借：预付账款——大连运动鞋厂 56 250
贷：银行存款 56 250
③借：库存商品——帽类 70 000
贷：商品采购——大连制帽厂 70 000
④借：商品采购——厦门运动鞋厂 168 000
应交税费——应交增值税（进项税额） 21 867.25
销售费用——运杂费 302.75
贷：银行存款 190 170
⑤A.借：商品采购——大连运动鞋厂 187 500
贷：银行存款 131 250
预付账款——大连运动鞋厂 56 250
B.借：应交税费——应交增值税（进项税额） 24 375
贷：银行存款 24 375
（2）①借：商品采购——大连电扇厂 4 800
应交税费——应交增值税（进项税额） 624
贷：应付账款——大连电扇厂 5 424
②A.借：库存商品——台扇类 4 800
贷：商品采购——大连电扇厂 4 800
B.借：银行存款 5 424
贷：应付账款——大连电扇厂 5 424
③借：库存商品——台灯类 20 500
贷：商品采购——光辉灯具厂 20 500
④A.借：商品采购——光辉灯具厂 300
应交税费——应交增值税（进项税额） 39
贷：应付账款——光辉灯具厂 339
B.借：库存商品——台灯类 300
贷：商品采购——光辉灯具厂 300
⑤借：银行存款 339
贷：应付账款——光辉灯具厂 339
⑥借：商品采购——大连自行车厂 27 000
应交税费——应交增值税（进项税额） 3 510
贷：应付账款——大连自行车厂 30 510
⑦借：商品采购——大连自行车厂 200
应交税费——应交增值税（进项税额） 26
应付账款——大连自行车厂 30 510
贷：银行存款 30 736

2.批发企业直运商品销售的核算

会计分录	借方	贷方
（1）借：商品采购——杭州造纸厂	50 000	
应交税费——应交增值税（进项税额）	6 500	
应收账款——代垫运费	250	
贷：银行存款		56 750
（2）①借：应收账款——广州百货公司	79 576	
贷：主营业务收入——纸类		70 200
应交税费——应交增值税（销项税额）		9 126
应收账款——代垫运费		250
②借：主营业务成本——纸类	50 000	
贷：商品采购——杭州造纸厂		50 000
（3）借：银行存款	97 080	
贷：应收账款——天津百货公司		54 720
——青岛百货公司		42 360
（4）借：商品采购——杭州造纸厂	55 000	
应交税费——应交增值税（进项税额）（7 150+3.30）	7 153.30	
应收账款——代垫运费［400×（1-10%）］	360	
销售费用——运杂费［400×10%÷（1+9%）］	36.70	
贷：银行存款		62 550

3.批发企业商品盘点缺溢和存货跌价准备的核算

（1）商品盘点缺溢的核算。

会计分录	借方	贷方
①A.借：库存商品——香皂类	1 200	
贷：待处理财产损溢——待处理流动资产损溢		1 200
B.借：待处理财产损溢——待处理流动资产损溢	374	
贷：库存商品——香皂类		344
——其他类		30
②借：其他应收款——保管人员	27.12	
贷：待处理财产损溢——待处理流动资产损溢		24
应交税费——应交增值税（进项税额转出）		3.12
③A.借：待处理财产损溢——待处理流动资产损溢	1 200	
贷：商品采购——大连制皂厂		1 200
B.借：商品采购——大连制皂厂	1 200	
应交税费——应交增值税（进项税额）	156	
贷：应付账款——大连制皂厂		1 356
④A.借：应收账款——华联商厦	406.80	
贷：主营业务收入——香皂类		360
应交税费——应交增值税（销项税额）		46.80
B.借：主营业务成本——香皂类	320	
贷：待处理财产损溢——待处理流动资产损溢		320

⑤借：销售费用——商品损耗 30

贷：待处理财产损溢——待处理流动资产损溢 30

（2）存货跌价准备的核算。

①A.借：银行存款 4 022.80

贷：主营业务收入——收录机类 3 560

应交税费——应交增值税（销项税额） 462.80

B.借：存货跌价准备［（376-356）×10］ 200

贷：主营业务成本 200

②A.借：银行存款 9 040

贷：主营业务收入——收录机类 8 000

应交税费——应交增值税（销项税额） 1 040

B.借：存货跌价准备［（420-400）×20］ 400

贷：主营业务成本 400

③应计提存货跌价准备金额=300 000×3‰-（1 450-200-400）=50（元）

借：资产减值损失 50

贷：存货跌价准备 50

④11月末应结转主营业务成本=376×10+420×20=12 160（元）

借：主营业务成本——收录机类 12 160

贷：库存商品——收录机类 12 160

⑤A.借：主营业务收入 11 560

贷：本年利润 11 560

B.借：本年利润 11 560

贷：主营业务成本 11 560

⑥A.借：银行存款 11 582.50

贷：主营业务收入——收录机类 10 250

应交税费——应交增值税（销项税额） 1 332.50

B.借：存货跌价准备［（425-410）×25］ 375

贷：主营业务成本 375

⑦借：资产减值损失［265 000×3‰-（900-375）］ 270

贷：存货跌价准备 270

⑧借：主营业务成本——收录机类 10 625

贷：库存商品——收录机类 10 625

⑨A.借：主营业务收入 10 250

贷：本年利润 10 250

B.借：本年利润 10 250

贷：主营业务成本 10 250

存货跌价准备总分类账、主营业务收入总分类账和主营业务成本总分类账，分别见表2-6至表2-8。

表2-6

总分类账（1）

账户名称：存货跌价准备　　单位：元

2024年 月	日	凭证号数	摘　要	借方	贷方	借或贷	余额
10	31		余额			贷	1 450
11	4	略	弥补收录机削价损失	200		贷	1 250
	16	略	弥补收录机削价损失	400		贷	850
	30	略	提取本月存货跌价准备金		50	贷	900
11	30		本期发生额及余额	600	50	贷	900
12	15	略	弥补收录机削价损失	375		贷	525
	31	略	调整本年存货跌价准备金		270	贷	795
12	31		累计发生额及余额	975	320	贷	795

表2-7

总分类账（2）

账户名称：主营业务收入　　单位：元

2024年 月	日	凭证号数	摘　要	借方	贷方	借或贷	余额
11	4	略	销售快乐牌收录机		3 560	贷	3 560
	16	略	销售大连牌收录机		8 000	贷	11 560
	30	略	结转“本年利润”账户	11 560		平	0
11	30		本期发生额及余额	11 560	11 560	平	0
12	15	略	销售凯歌牌收录机		10 250	贷	10 250
	31	略	结转“本年利润”账户	10 250		平	0
12	31		本期发生额及余额	10 250	10 250	平	0

表2-8

总分类账（3）

账户名称：主营业务成本　　单位：元

2024年 月	日	凭证号数	摘　要	借方	贷方	借或贷	余额
11	4	略	弥补收录机削价损失		200	贷	200
	16	略	弥补收录机削价损失		400	贷	600
	30	略	结转商品销售成本	12 160		借	11 560
	30	略	结转“本年利润”账户		11 560	平	0
11	30		本期发生额及余额	12 160	12 160	平	0
12	15	略	弥补收录机削价损失		375	贷	375
	31	略	结转商品销售成本	10 625		借	10 250
	31	略	结转“本年利润”账户		10 250	平	0
12	31		本期发生额及余额	10 625	10 625	平	0

4.进价金额的核算

（1）借：商品采购——肉食品公司　　86 400

　　　　应交税费——应交增值税（进项税额）　　11 232

　　贷：银行存款　　97 632

（2）借：库存商品——肉食品类　100 200
　　贷：商品采购——肉食品公司　100 200
（3）借：库存商品——水产类　53 976
　　销售费用——商品损耗　24
　　贷：商品采购——水产公司　54 000
（4）①借：库存现金　122 379
　　贷：主营业务收入——肉食品类［70 399÷（1+13%）］　62 300
　　　　——水产类［51 980÷（1+13%）］　46 000
　　　　应交税费——应交增值税（销项税额）［（62 300+46 000）×13%］　14 079
②借：银行存款　122 379
　　贷：库存现金　122 379
（5）①借：待处理财产损溢——待处理流动资产损溢　180.80
　　贷：库存商品——水产类　160
　　　　应交税费——应交增值税（进项税额转出）　20.80
②借：营业外支出　180.80
　　贷：待处理财产损溢——待处理流动资产损溢　180.80
（6）①借：库存现金　108 028
　　贷：主营业务收入——肉食品类［62 263÷（1+13%）］　55 100
　　　　——水产类［45 765÷（1+13%）］　40 500
　　　　应交税费——应交增值税（销项税额）［（55 100+40 500）×13%］　12 428
②借：银行存款　108 028
　　贷：库存现金　108 028
（7）借：主营业务成本——肉食品类（22 390+100 200−25 000）　97 590
　　　　——水产类（16 060+53 976−160−12 000）　57 876
　　贷：库存商品——肉食品类　97 590
　　　　——水产类　57 876

5.零售企业商品购进及其发生短缺溢余的核算

（1）①借：商品采购——盐城无线电厂　63 000
　　应交税费——应交增值税（进项税额）　8 199.91
　　销售费用——运杂费［120÷（1+9%）］　110.09
　　贷：银行存款　71 310
②借：库存商品——电器柜　90 000
　　贷：商品采购——盐城无线电厂　63 000
　　　　商品进销差价——电器柜　27 000
③借：库存商品——指甲钳　6 750
　　　　——单开刀　5 400
　　　　——水果刀　9 300
　　贷：商品采购　15 896
　　　　商品进销差价　5 554

④借：商品采购——大连五金公司　23 844
应交税费——应交增值税（进项税额）　3 099.72
贷：应付票据——大连五金公司　26 943.72
借：库存商品——五金工具　30 000
贷：商品采购——大连五金公司　23 844
商品进销差价　6 156
（2）①借：商品采购——厦门服装公司　56 000
应交税费——应交增值税（进项税额）（7 280+16.51）　7 296.51
销售费用——运杂费［200÷（1+9%）］　183.49
贷：银行存款　63 480
②A.借：库存商品——服装柜（980×80）　78 400
贷：商品采购——厦门服装公司（56×980）　54 880
商品进销差价——服装柜　23 520
B.借：待处理财产损溢——待处理流动资产损溢　1 265.60
贷：商品采购——厦门服装公司（56×20）　1 120
应交税费——应交增值税（进项税额转出）　145.60
③借：商品采购——天津果品公司　18 000
应交税费——应交增值税（进项税额）（2 340+16.51）　2 356.51
销售费用——运杂费［200÷（1+9%）］　183.49
贷：银行存款　20 540
④借：库存商品——食品柜　31 500
贷：商品采购——天津果品公司　18 000
商品进销差价——食品柜　12 600
待处理财产损溢——待处理流动资产损溢（18 000÷2 000×100）　900
⑤A.借：库存商品——烟糖柜（9 894×4.40）　43 533.60
贷：商品采购——云南制糖厂（9 894×3.20）　31 660.80
商品进销差价——烟糖柜　11 872.80
B.借：待处理财产损溢——待处理流动资产损溢　339.20
贷：商品采购——云南制糖厂（106×3.20）　339.20
⑥借：其他应收款——提货人员　316.40
营业外支出　949.20
贷：待处理财产损溢——待处理流动资产损溢　1 265.60
⑦A.借：商品采购——天津果品公司　810
应交税费——应交增值税（进项税额）　105.30
贷：应付账款——天津果品公司　915.30
B.借：待处理财产损溢——待处理流动资产损溢　900
贷：商品采购——天津果品公司　810
销售费用——商品损耗　90
⑧A.借：商品采购——云南制糖厂　320.00

借：应交税费——应交增值税（进项税额） 41.60

贷：银行存款 361.60

B.借：待处理财产损溢——待处理流动资产损溢 320

贷：商品采购——云南制糖厂 320

C.借：销售费用——商品损耗 19.20

贷：待处理财产损溢——待处理流动资产损溢 19.20

6.零售企业商品销售成本和商品销售收入的调整

（1）①用综合差价率推算法调整商品销售成本：

差价率=192 030÷（329 600+61 400+374 000）×100%=25.10%

已销商品进销差价=374 000×25.10%=93 874（元）

会计分录如下：

借：商品进销差价 93 874

贷：主营业务成本 93 874

②用分柜组差价率推算法调整商品销售成本：

编制已销商品进销差价计算表，见表2-9。

表2-9 已销商品进销差价计算表

2024年12月31日

金额单位：元

营业柜组	期末“库存商品”账户余额	期末“受托代销商品”账户余额	“主营业务收入”账户余额	本期存销商品合计额	结转前“商品进销差价”账户余额	差价率	已销商品进销差价	期末商品进销差价
（1）	（2）	（3）	（4）	（5）=（2）+（3）+（4）	（6）	（7）=（6）÷（5）×100%	（8）=（4）×（7）	（9）=（6）-（8）
百货组	123 400	25 400	139 600	288 400	69 620	24.14%	33 699.44	35 920.56
服装组	88 500	36 000	121 200	245 700	61 868	25.18%	30 518.16	31 349.84
食品组	117 700	—	113 200	230 900	60 542	26.22%	29 681.04	30 860.96
合计	329 600	61 400	374 000	765 000	192 030	—	93 898.64	98 131.36

会计分录如下：

借：商品进销差价——百货组 33 699.44

——服装组 30 518.16

——食品组 29 681.04

贷：主营业务成本——百货组 33 699.44

——服装组 30 518.16

——食品组 29 681.04

（2）用实际进销差价计算法调整商品销售成本：

百货组期末商品进销差价=123 400+25 400−112 752=36 048（元）

百货组已销商品进销差价=69 620−36 048=33 572（元）

服装组期末商品进销差价=88 500+36 000−93 045=31 455（元）

服装组已销商品进销差价=61 868−31 455=30 413（元）

食品组期末商品进销差价=117 700−86 918=30 782（元）

食品组已销商品进销差价=60 542−30 782=29 760（元）

会计分录如下：

借：商品进销差价——百货组　33 572
　　　　　　　　——服装组　30 413
　　　　　　　　——食品组　29 760
　贷：主营业务成本——百货组　33 572
　　　　　　　　　——服装组　30 413
　　　　　　　　　——食品组　29 760

（3）调整商品主营业务收入：

百货组销售额=139 600÷（1+13%）=123 539.82（元）

百货组销项税额=139 600−123 539.82=16 060.18（元）

服装组销售额=121 200÷（1+13%）=107 256.64（元）

服装组销项税额=121 200−107 256.64=13 943.36（元）

食品组销售额=113 200÷（1+13%）=100 176.99（元）

食品组销项税额=113 200−100 176.99=13 023.01（元）

会计分录如下：

借：主营业务收入——百货组　16 060.18
　　　　　　　　——服装组　13 943.36
　　　　　　　　——食品组　13 023.01
　贷：应交税费——应交增值税（销项税额）　43 026.55

7.零售企业商品储存中的调价、削价及商品缺溢的核算

（1）调价。

借：库存商品——鞋帽部　5 000
　贷：商品进销差价——鞋帽部　5 000

（2）削价。

①冲销进销差价：

借：商品进销差价——服装部［（1 200−819）×100］　38 100
　贷：库存商品——服装部　38 100

②登记收入：

借：银行存款　81 900
　贷：主营业务收入——服装部（819×100）　81 900

③结转营业成本：

借：主营业务成本——服装部　80 000
　贷：库存商品——服装部　80 000

④以存货跌价准备弥补削价损失：

计提的存货跌价准备金额=（800−819÷1.13）×100=7 522.12（元）

借：资产减值损失　7 522.12
　贷：存货跌价准备　7 522.12

借：存货跌价准备　7 522.12
　贷：主营业务成本——服装部　7 522.12

（3）商品缺溢。

①根据报告单登记商品短缺：

借：待处理财产损溢——待处理流动资产损溢 75

商品进销差价——服装部 25

贷：库存商品 100

②根据批复意见处理：

借：其他应收款——王某 75

贷：待处理财产损溢——待处理流动资产损溢 75

教材中典型案例解答

典型案例一

1.若作为迅达公司的财务主管，将选择视同自购自销的方式。

（1）若采用视同自购自销方式，账务处理如下：

①收到委托代销手机时：

借：受托代销商品——华信公司 500 000

贷：受托代销商品款——华信公司 500 000

②月末手机全部售出时：

借：银行存款 678 000

贷：主营业务收入 600 000

应交税费——应交增值税（销项税额） 78 000

同时，结转售出商品销售成本：

借：主营业务成本——手机 500 000

贷：受托代销商品——华信公司 500 000

结转代销商品款：

借：受托代销商品款——华信公司 500 000

贷：应付账款——华信公司 500 000

③月末收到华信公司开来的增值税专用发票，增值税税额65 000元。

A.反映商品购进：

借：商品采购——华信公司 500 000

应交税费——应交增值税（进项税额） 65 000

贷：银行存款 565 000

B.对冲应付账款与商品采购：

借：应付账款——华信公司 500 000

贷：商品采购——华信公司 500 000

（2）若采用收取代销手续费方式，账务处理如下：

①收到委托代销手机时：

借：受托代销商品——华信公司 500 000

贷：受托代销商品款——华信公司　500 000

②月末手机全部售出时：

借：银行存款　678 000

贷：应付账款——华信公司　600 000

应交税费——应交增值税（销项税额）　78 000

同时，注销已售代销商品：

借：受托代销商品款——华信公司　500 000

贷：受托代销商品——华信公司　500 000

③月末将扣除代销手续费后的价税额，开出转账支票付讫：

借：应付账款——华信公司　678 000

贷：代购代销收入（600 000×15%）　90 000

银行存款　588 000

同时，根据委托单位开来的增值税专用发票：

借：应交税费——应交增值税（进项税额）　78 000

贷：应付账款——华信公司　78 000

迅达公司采用自购自销的方式当期可确认利润=600 000−500 000=100 000（元），采用委托代销方式确认代购代销收入90 000元，因此应该选择视同自购自销的方式。

2.若作为华信公司的财务负责人，将选择支付代销手续费的方式。

（1）若采用视同自购自销方式，账务处理如下：

①发出商品时：

借：库存商品——委托代销商品　400 000

贷：库存商品——手机　400 000

②月末手机全部售出时：

借：银行存款　565 000

贷：主营业务收入——手机　500 000

应交税费——应交增值税（销项税额）　65 000

同时，结转已售出的委托代销商品成本：

借：主营业务成本　400 000

贷：库存商品——委托代销商品　400 000

（2）若采用支付代销手续费方式，账务处理如下：

①发出商品时：

借：库存商品——委托代销商品　400 000

贷：库存商品——手机　400 000

②月末手机全部售出时：

借：应收账款——迅达公司　678 000

贷：主营业务收入——手机　600 000

应交税费——应交增值税（销项税额）　78 000

同时，结转已售出的委托代销商品成本：

借：主营业务成本——手机　400 000

贷：库存商品——委托代销商品 400 000

③将扣除代销手续费后的余额存入银行：

借：银行存款 588 000

销售费用——代销手续费 90 000

贷：应收账款——迅达公司 678 000

华信公司采用视同自购自销的方式当期可确认利润=500 000-400 000=100 000（元），采用委托代销方式确认代购代销收入=600 000-400 000-90 000=110 000（元），因此应该选择支付代销手续费的方式。

典型案例二

（1）对月末两笔业务进行账务处理：

①购入电视：

A.付款：

借：商品采购 36 000

应交税费——应交增值税（进项税额） 4 680

贷：银行存款 40 680

B.入库：

借：库存商品 48 000

贷：商品采购 36 000

商品进销差价 12 000

②确认销售收入：

A.收款：

借：银行存款 14 400

贷：主营业务收入——彩电 14 400

B.结转成本：

借：主营业务成本 14 400

贷：库存商品 14 400

将上述业务入账后，各相关账户余额见表2-10。

表2-10 **相关账户余额表** 单位：元

营业部	商品进销差价	库存商品	主营业务收入
服装部	433 777	236 745	1 932 140
家电部	1 066 346①	585 340②	3 200 725③
百货部	10 623	7 065	63 755
合计	1 510 746	829 150	5 196 620

（2）计算差价率：

①综合差价率：

综合差价率=1 510 746÷（829 150+5 196 620）×100%=25.07%

① 1 066 346=1 054 346+12 000。
② 585 340=551 740+48 000-14 400。
③ 3 200 725=3 186 325+14 400。

本期已销商品进销差价=5 196 620×25.07%=1 302 793（元）

借：商品进销差价　1 302 793
　　贷：主营业务成本　1 302 793

②分柜组差价率：

服装部差价率=433 777÷（236 745+1 932 140）×100%=20%

家电部差价率=1 066 346÷（585 340+3 200 725）×100%=28.17%

百货部差价率=10 623÷（7 065+63 755）×100%=15%

服装部本期已销商品进销差价=1 932 140×20%=386 428（元）

家电部本期已销商品进销差价=3 200 725×28.17%=901 644.23（元）

百货部本期已销商品进销差价=63 755×15%=9 563.25（元）

借：商品进销差价——服装部　386 428
　　　　　　　　——家电部　901 644.23
　　　　　　　　——百货部　9 563.25
　　贷：主营业务成本——服装部　386 428
　　　　　　　　　　——家电部　901 644.23
　　　　　　　　　　——百货部　9 563.25

（3）调整销售收入：

销售额=含税收入÷（1+增值税税率）=5 196 620÷（1+13%）=4 598 778.76（元）

销项税额=含税收入-销售额=5 196 620-4 598 778.76=597 841.24（元）

借：主营业务收入　597 841.24
　　贷：应交税费——应交增值税（销项税额）　597 841.24

（4）计算销售毛利率：

销售毛利率=（5 196 620×25.07%-597 841.24）÷4 598 778.76×100%=15.33%

典型案例三

（1）这两笔业务分别代表了购进商品价格更正的两种类型：第一种是只更正购进价格；第二种是购进价格和销售价格都更正。

（2）计算差价影响及账务处理如下：

①只更正购进价格。

A.付款：

借：商品采购——市百货公司　50 000
　　应交税费——应交增值税（进项税额）　6 500
　　贷：银行存款　56 500

B.入库：

借：库存商品——羽绒服　75 000
　　贷：商品采购——市百货公司　50 000
　　　　商品进销差价——服装部　25 000

C.更正进价、进项税额：

借：商品采购——市百货公司　5 000
　　应交税费——应交增值税（进项税额）　650

贷：银行存款　　5 650

D. 更正进销差价：

借：商品进销差价——服装部（100×50）　　5 000

贷：商品采购——市百货公司　　5 000

②购进价格和销售价格都更正。

A. 付款：

借：商品采购——市百货公司　　90 000

应交税费——应交增值税（进项税额）　　11 700

贷：银行存款　　101 700

B. 入库：

借：库存商品——运动鞋　　140 000

贷：商品采购——市百货公司　　90 000

商品进销差价——鞋帽部　　50 000

C. 冲减进价、进项税额：

借：商品采购——市百货公司（-100×100）　　10 000

应交税费——应交增值税（进项税额）（-10 000×13%）　　1 300

贷：应付账款——市百货公司　　11 300

D. 冲减销价、进价及商品进销差价：

借：库存商品——运动鞋（-200×100）　　20 000

贷：商品采购——市百货公司（-100×100）　　10 000

商品进销差价——鞋帽部　　10 000

典型案例四

（1）6月18日顾客购买裤子时：

200元的红包属于附客户额外购买选择权的销售，应将交易价格200元在商品和红包之间进行分摊。

应确认裤子的交易价格=200÷（200+200×100%）×200=100（元）

应确认红包的交易价格=200÷（200+200×100%）×200=100（元）

①6月18日平台确认收入的账务处理：

借：银行存款　　200

贷：主营业务收入　　100

合同负债　　100

②次日，购买毛呢大衣时，平台确认收入：

借：银行存款　　300

合同负债　　100

贷：主营业务收入　　400

（2）若剩余红包买家没有在有效期内使用，分录如下：

借：合同负债　　100

贷：主营业务收入　　100

第三章 

施工企业会计

学习目的和要求

学习本章的目的，是掌握施工企业特殊业务的会计核算方法。因此，学生在学习本章时，首先要了解施工企业会计核算的特点，其次要理解建筑施工行业与其他行业不同的特殊业务的核算方法，进而掌握对这些特殊业务进行会计处理的技能。与此同时，在施工企业会计核算过程中，重点把握由于新收入准则的要求，对施工企业新会计科目的使用，如对“合同履约成本——工程施工”“合同结算——价款结算”“合同结算——收入结转”“合同负债”等科目应重点关注。

重点问题解析

本章的重点问题有两个：一是施工企业会计核算的特点；二是施工企业工程成本的核算。

1.施工企业会计核算的特点

学习施工企业会计核算的特点时，应注意掌握它与企业经营特点之间的内在联系。例如，每一建筑工程都有其独特的形式、结构和质量标准，需要一套单独的设计图纸，在建造时需要采用不同的施工方法和施工组织。即使采用相同的标准设计，但由于建造地点的不同，在地形、地质、水文以及交通等方面也会有差异。施工企业生产的这一特点，决定了施工企业成本核算对象的单件性。又如，因为建筑工程的工期较长，为了对工程进度、工程质量和工程成本进行有效的监督，所以对建筑安装产品需要人为地划分为产成品和在产品。工程进度达到预算定额的工作内容，不需要在本企业内部进一步施工，可以进行结算的分部分项工程作为“已完工程”，即“产成品”；已投料施工，但尚未完成预算定额规定的全部工序和施工内容，而暂时无法进行结算的分部分项工程作为“未完施工”，即“在产品”。

2.施工企业工程成本的核算

学习工程成本的核算时，应注意掌握成本核算对象及成本结算期的确定原则，掌握“已完工程”实际成本的计算和结转。

工程成本核算对象是指在成本核算时，确定归集和分配生产费用的具体对象，即承担生产费用的客体。成本核算对象的确定是设立工程成本明细账，归集和分配生产费用，用以正确计算工程成本的前提。具体的成本核算对象主要应根据企业生产的特点加以确定，同时还应考虑成本管理的要求。按照分批（订单）法原则，一般应以每一独立编制施工图预算的单位工程作为成本核算对象，但也可以按照承包工程项目的规模、工期、结构类型、施工组织和施工现场等情况，结合成本管理的要求，灵活划分成本核算对象。

建筑产品的生产周期较长，何时结算一次成本就成为一个问题。会计制度要求工程成本结算时间与工程价款结算时间相一致。现行工程价款结算方式主要有竣工后一次结算、分段结算和分期（月或季）结算。按照工程价款结算时间与成本结算时间相一致的原则，对已向建设单位（发包单位）办理工程价款结算的已完工程，应同时结算实际成本。必须指出的是，企业不论是定期还是不定期结算已完工程成本，当月发生的生产费用必须在会计结算期按照成本核算对象和成本项目进行归集与分配。

施工企业应根据工程合同确定的工程价款结算办法，按时结算已完工程成本，向建设单位收取工程价款。由于工程价款的结算方式不同，“已完工程”的含义和实际成本的计算方法也不同。

当实行工程项目竣工后一次结算工程价款时，“已完工程”是指已经甲乙双方验收，办理竣工决算，交付使用的工程项目。在这种情况下，施工过程中发生的各项成本费用，随时计入各成本核算对象的成本项目，进行工程成本的明细核算。竣工时，工程成本明细账中登记的工程成本累计总额，就是竣工工程的实际成本。

当采用分段或分期结算工程价款的办法时，“已完工程”是指已经完成预算定额规定的全部工序和施工内容，在本企业不需要再进行加工的分部分项工程。分部分项工程是构成工程项目的基本要素，也是编制工程预算的最基本的计量单位，有一定的工作内容和质量标准。虽然这部分工程不是竣工工程，也不具有完整的使用价值，但企业也不需要再进行任何施工活动，可以确定它的工程数量和质量，故能够将其作为“已完工程”，计算它的实际成本，并按合同价格向建设单位收取工程价款。相反的，凡在期末尚未完成预算定额规定的全部工序与施工内容的分部分项工程，称为“未完施工”，这部分“未完施工”不能向建设单位收取工程价款。本期已完工程实际成本应按下式计算：

本期已完工程实际成本=期初未完施工实际成本+本期成本费用发生额-期末未完施工实际成本

上述公式中，“期初未完施工实际成本”和“本期成本费用发生额”可直接从工程成本有关明细账中取得。期末未完施工量一般在全部工程量中所占比重较小，而且期初、期末未完施工的数额变化不大，为了简化成本核算手续，通常可以将期末未完施工的预算成本视同它的实际成本，且不分摊间接费用，其计算公式为：

期末未完施工预算成本=期末未完施工折合成已完工程实物量×该部分部分项工程预算单价

本章的难点问题是周转材料补提摊销额的核算。由于周转材料在生产过程中能够多次周转使用，因此，它的价值应随同其损耗程度，逐渐转移、摊销计入工程成本或有关费用。周转材料的摊销方法，根据各类周转材料的不同情况，一般有一次摊销法、分期摊销法、分次摊销法、定额摊销法四种。但无论采用哪种摊销方法（一次摊销法除外），由于都具有预计因素，平时计算的摊销额都不可能与实际损耗价值完全一致，所以需要在年度终了或工程竣工时，对周转材料进行盘点，根据实际损耗调整已提摊销额，以保证工程成本和有关费用的准确性。

在年度终了和工程竣工时，对在用周转材料进行盘点和清查，其结果主要有三种：一是降低成色；二是报废；三是短缺。对这三种情况的周转材料已提摊销额都要进行调整。凡是已提摊销额不足的，要补提摊销额。

应补提摊销额=应提摊销额-已提摊销额

（1）应提摊销额的计算

降低成色周转材料应提摊销额=降低成色周转材料计划成本×（1-确定的成色百分比）

报废周转材料应提摊销额=报废周转材料计划成本-残值

短缺周转材料应提摊销额=短缺周转材料计划成本

（2）已提摊销额的计算

$$\text{周转材料已提摊销额}=\left.\begin{array}{l}\text{降低成色}\\ \text{报　　废}\\ \text{短　　缺}\end{array}\right\}\text{周转材料计划成本}\times\frac{\text{该类周转材料已提摊销额累计}}{\text{该类周转材料计划成本总额}}$$

周转材料报废、短缺时，按已提摊销额借记“周转材料——周转材料摊销”账户，按入库残料价值借记“原材料”账户，按应补提摊销额借记“合同履约成本——工程施工”等账户，按计划成本或实际成本贷记“周转材料——在用周转材料”账户。

练习题

一、填空题

1. 施工企业的会计核算同其他行业的会计核算相比，具有________、________、________和________四个特点。

2. 周转材料按其在施工中的用途，可分为________、________、________和________。

3. 工程成本中的材料费是指施工过程中耗用的________原材料、构配件等的价值，但不包括________的价值。

4. 临时设施是指施工企业为保证施工和管理的正常进行而建造的________。

5. 工程成本按其计算标准有________成本、________成本和________成本之分。

6. 承包、发包单位进行工程价款结算时，以双方认可的________作为依据。

7. 工程实际成本核算的成本项目包括________、________、________、________和________。

8. 现行建筑安装工程价款的结算方式主要有________、________和________三种方式。

9. 工程实际成本中的间接费用是指________为施工准备、组织和管理施工生产所发生的全部支出。

10. 施工间接费用一般按________进行分配。

二、单项选择题

1. 甲工程短缺一批模板，计划成本为500元，甲工程在用模板账面余额为6 200元，账面累计摊销额为3 100元，该模板应补提的摊销额为（　　）。

A. 250元　　B. 500元　　C. 0　　D. 300元

2. 甲工程将一批不需用的架料退库，经计算应补提摊销额320元，应借记（　　）账户。

A. “周转材料”　　B. “工程施工”
C. “原材料”　　D. “合同履约成本”

3. 某工程领用跳板一批，计划成本为12 000元，预计残值占计划成本的10%，预计使用期限为20个月，该跳板的月摊销额为（　　）元。

A. 540　　B. 600　　C. 500　　D. 660

4. 企业在施工现场搭建临时办公房一处，发生的费用应先通过（　　）账户核算。

A. “临时设施”　　B. “在建工程”　　C. “固定资产”　　D. “合同履约成本”

5. 施工企业拆除临时设施过程中发生的费用支出和变现收入，应记入（　　）账户。

A. “合同履约成本”　　B. “在建工程”
C. “临时设施清理”　　D. “临时设施”

6. 施工企业按月摊销的临时设施摊销费，应记入（　　）账户。

A. “临时设施清理”　　B. “管理费用”
C. “合同履约成本”　　D. “临时设施”

7. 工程成本核算一般应以（　　）作为成本核算对象。

A. 单位工程　　B. 分项工程　　C. 工程项目　　D. 分部工程

8. （　　）是工程成本中的间接费用。

A. 周转材料摊销额　　B. 施工机械租赁费
C. 夜间施工增加费　　D. 工程保修费

9. 工程成本应（　　）进行结转。

A. 按月　　B. 按季
C. 按年　　D. 按工程价款结算期

三、多项选择题

1. 计算报废周转材料已提摊销额时，应考虑的因素包括（　　）。

A. 残值　　B. 该类周转材料已提摊销额累计
C. 报废周转材料计划成本　　D. 该类周转材料计划成本

2. 施工企业在施工现场建造的（　　）属于临时设施。

A. 临时库房　　B. 简易作业棚　　C. 临时办公室　　D. 道路

3. 工程价款结算方式包括（　　）。

A. 按月结算　　B. 按季结算　　C. 分段结算　　D. 竣工后一次结算

4. 工程成本中的其他直接费包括（　　）。

A. 临时设施摊销费　　B. 场地清理费
C. 生产工具、用具使用费　　D. 材料二次搬运费

5. 周转材料的价值摊销方法一般有（　　）等几种。

A. 分次摊销　B. 五五摊销　C. 一次摊销　D. 定额摊销

6. 施工企业某项目经理部发生的财务、计划等人员的工资，根据实际情况可以记入（　　）账户。

A. “管理费用”

B. “合同履约成本——工程施工（间接费用）”

C. “销售费用”

D. “施工间接费用”

7. 施工企业在施工现场发生的材料二次搬运费，发生时根据实际情况可以记入（　　）账户。

A. “合同履约成本——工程施工（材料费）”

B. “其他直接费用”

C. “合同履约成本——工程施工（其他直接费）”

D. “管理费用”

四、判断题

1. 按期结算工程价款时，期末应在“已完工程”和“未完施工”之间分配施工间接费用。（　　）

2. 周转材料是按存货进行管理和核算的。（　　）

3. 工程项目的建筑安装工人及管理人员的工资应计入工程实际成本中的人工费。（　　）

4. 施工企业使用的材料，都应记入工程成本中的“材料费”项目。（　　）

5. 周转材料的摊销额，应在工程竣工和年度终了时进行调整。（　　）

实务训练

1. 市一建公司为增值税一般纳税人，承包的甲工程发生下列业务：

（1）领用库存的新模板一批，计划成本为32 000元。

（2）领用库存的安全网（一次摊销），计划成本为1 200元，材料成本差异率为-1%。

（3）按规定的摊销法，计算本期模板应提摊销额为1 600元。

（4）将不需用的挡板退回仓库，计划成本为5 000元，估计成色为60%，在用挡板计划成本为58 000元，已提摊销额为26 100元。

（5）报废跳板一批，计划成本为8 000元，残值为1 400元，已验收入库，材料成本差异率为1%，在用跳板计划成本为30 000元，已提摊销额为24 000元。

（6）竣工盘点，发现短缺架料为1 000元（属于正常损耗），在用架料计划成本为45 000元，在用架料累计摊销额为34 200元。

要求：为市一建公司作出上述业务的会计处理。

2. 市二建公司为增值税一般纳税人，为其承建的环宇大厦工程搭建临时职工宿舍和材料库等临时设施发生下列业务：

（1）搭建中领用材料21 000元，发生人工费用2 400元，以银行存款支付其他费用

1 506元（取得增值税普通发票），材料成本差异率为-1%。

（2）搭建完工交付使用，并按该大厦施工工期14个月计算本月临时设施应提摊销额（不考虑残值）。

（3）12个月后，将临时设施报废拆除，在拆除中支出费用1 500元，残料作价2 800元入库。

要求：为市二建公司作出上述业务的会计处理。

3.市城建公司为增值税一般纳税人，增值税税率为9%，2024年6月承包了某医学院教学楼和学生宿舍工程，并于当月取得了“建筑工程施工许可证”。医学院项目经理部承包的医学院教学楼和学生宿舍工程发生下列业务：

（1）本期教学楼工程发生人工费76 000元，其中，内包人工费45 000元，外包人工费31 000元。学生宿舍工程发生人工费52 000元，其中，内包人工费39 000元，外包人工费13 000元。外包人工费未能从劳务公司取得增值税发票。

（2）本期工程耗用材料，经料具员汇总，见表3-1。

表3-1　**材料耗用汇总表**

2024年6月30日　　单位：元

成本核算对象	主要材料						小计		结构件		合计		周转材料摊销
	硅酸盐		黑色金属		其他主要材料								
	计划成本	成本差异（+1%）	计划成本	成本差异（-1%）	计划成本	成本差异（+1%）	计划成本	成本差异	计划成本	成本差异（-1%）	计划成本	成本差异	
教学楼	31 000	310	116 000	-1 160	84 000	840	231 000	-10	74 000	-740	305 000	-750	9 000
学生宿舍	28 000	280	96 000	-960	60 000	600	184 000	-80	59 000	-590	243 000	-670	8 500
合计	59 000	590	212 000	-2 120	144 000	1 440	415 000	-90	133 000	-1 330	548 000	-1 420	17 500

（3）本期教学楼工程发生内部机械租赁费4 200元，学生宿舍工程发生内部机械租赁费2 800元，费用尚未支付。

（4）本期教学楼工程发生生产工具用具使用费1 300元，学生宿舍工程发生材料二次搬运费800元，费用已付讫。

（5）项目经理部本月发生工资支出22 800元，报销差旅费5 964元。

要求：为医学院项目经理部作出上述业务的会计处理。

4.市三建公司为增值税一般纳税人，适用税率为9%，2023年8月承建的长乐小区一幢商品房完工，向发包单位提交“工程价款结算单”，见表3-2。本期应向发包单位结算工程价款2 616 000元，并按此金额开具了增值税专用发票。

该结算单已经发包单位认可，该商品房实际成本为1 920 000元。2023年12月，发包单位用银行存款支付了剩余工程款。

要求：为市三建公司作出上述业务的会计处理。

表3-2

工程价款结算单

发包单位名称： 2023年8月30日 单位：元

工程名称	合同造价（含税）	本期应收工程款	应扣款项			本期实收工程款	累计已收工程款	备注
			合计	预收工程款	预收备料款			
长乐小区	2 616 000	2 616 000	1 308 000	523 200	784 800	1 308 000		
合计	2 616 000	2 616 000	1 308 000	523 200	784 800	1 308 000		

施工单位：

5.市城建公司为增值税一般纳税人，适用税率为9%，2023年5月承包了某市政工程，同月将部分工程分包给W公司，与分包单位发生下列业务：

（1）5月，该公司根据分包合同，通过银行向分包单位预付备料款200 000元。

（2）7月，该公司根据工程进度预付给分包单位工程款400 000元。

（3）9月，分包工程完工，根据经审核的分包单位提出的“工程价款结算单”，结算应付分包工程价款1 090 000元，取得分包单位开具的增值税专用发票中注明金额为1 000 000元，增值税税额为90 000元。

（4）9月，在结算工程价款时，从应付分包工程款中扣除预付备料款200 000元和预付工程款400 000元。

（5）10月，以银行存款支付分包单位工程款490 000元。

要求：为市城建公司作出上述业务的会计处理。

6.佳宇建筑公司为增值税一般纳税人，适用税率为9%，2024年承建安大高速公路第6标段，合同总造价130 800 000元（含增值税10 800 000元），工程项目包括隧道、大桥和路基。该公司设项目经理部组织生产，并成立了一个隧道队、一个大桥队和一个路基队进行施工，另外还成立了一个碎石开采场、一个机械维修队作为辅助生产部门。该公司施工期间发生下列业务：

（1）1月，发生职工工资1 000 000元，其中隧道队300 000元、大桥队120 000元、路基队200 000元、碎石开采场180 000元、机械维修队200 000元。

（2）3月，佳宇建筑公司项目经理部仓库发出水泥4 000吨，每吨200元，其中隧道工程使用3 000吨、大桥工程使用1 000吨；发出钢材300吨，每吨3 000元，其中隧道工程使用200吨、大桥工程使用100吨；碎石开采场领用炸药1.5吨，每吨4 000元。

（3）3月末，佳宇建筑公司材料部门将隧道、大桥两项工程各种领料凭证进行汇总，编制材料费用分配表，见表3-3。

（4）5月末，佳宇建筑公司以转账支票支付租用市机械施工公司推土机和挖掘机的租赁费，价税合计22 600元，取得增值税专用发票中注明金额为20 000元，增值税税额为2 600元。根据隧道、大桥工程使用情况，编制机械租赁费用分配表，见表3-4。

（5）5月，佳宇建筑公司项目经理部因隧道施工场地狭窄，以银行存款支付水泥二次搬运费5 000元（取得增值税普通发票）；以银行存款支付混凝土试件试验费2 000元（取得增值税普通发票），领用生产工具3 000元。

表3-3

材料费用分配表

2024年3月31日　　单位：元

材料类别＼成本核算对象		隧道工程	大桥工程	合计
钢材	计划成本	60 000	40 000	100 000
	成本差异（2%）			
木材	计划成本	45 000	32 000	77 000
	成本差异（1%）			
结构件	计划成本	50 000	60 000	110 000
	成本差异（1%）			
其他材料	计划成本	3 300	3 500	6 800
	成本差异（-1%）			
小计	计划成本	158 300	135 500	293 800
	成本差异			
周转材料摊销	计划成本	2 600	1 800	4 400
	成本差异（-1%）			
合计				

表3-4

机械租赁费用分配表

2024年5月

受益对象	推土机		挖掘机		合计（元）
	台班单价：1 000元		台班单价：2 000元		
	台班	租赁费（元）	台班	租赁费（元）	
隧道工程	6		3		
大桥工程	4		2		
合计	10		5		

（6）8月，佳宇建筑公司项目经理部发放管理人员工资50 000元，奖金20 000元；计提管理用固定资产折旧费100 000元；用现金支付办公费5 000元，差旅费8 000元；临时设施摊销20 000元；以银行存款向环保局支付治理费3 000元。

（7）佳宇建筑公司担负某项设备安装工程施工，安装任务包括中央空调、炼油设备和过滤设备三项。第二季度共发生间接费用600 000元，该季度安装工程发生的人工费用为中央空调200 000元、炼油设备1 000 000元、过滤设备800 000元，间接费用按人工费比例分配。编制间接费用分配表，见表3-5。

表3-5

间接费用分配表

编制单位：佳宇建筑公司　　2024年第二季度　　金额单位：元

项目	人工费成本	分配率	分配额
中央空调			
炼油设备			
过滤设备			
合计			

（8）佳宇建筑公司其他项目部也同时进行甲、乙两个工程的施工，“合同履约成本——工程施工（间接费用）”账户归集的间接费用为13 582元，甲工程发生的直接费用为241 926元，乙工程发生的直接费用为160 720.25元。

要求：

（1）编制完成有关费用分配表。

（2）对佳宇建筑公司的上述业务进行账务处理。

练习题参考答案

一、填空题

1. 成本核算对象具有单件性　核算周期具有长期性　产成品和在产品的划分具有特殊性　工程价款的结算方式具有多样性

2. 模板　挡板　架料　其他

3. 构成工程实体的　需要安装设备

4. 临时性生产生活设施

5. 实际　预算　计划

6. 工程价款结算单

7. 人工费　材料费　机械使用费　其他直接费　间接费用

8. 分期（月或季）结算　分段结算　工程竣工后一次结算

9. 项目经理部

10. 工程直接成本

二、单项选择题

1.A　2.D　3.A　4.B　5.C　6.C　7.A　8.D　9.D

三、多项选择题

1.BCD　2.ABC　3.ABCD　4.ABCD　5.ACD　6.BD　7.BC

四、判断题

1.×

一般来说，期末未完施工量在全部工程量中所占比重较小，而且期初、期末未完施工的数额变化不大，为了简化成本核算手续，通常可以将期末未完施工的预算成本视同它的实际成本，不分摊间接费用。

2.√

虽然周转材料在施工生产过程中起着劳动资料的作用，但是其种类较多，用量较大，使用频繁，经常需要补充更换。因此，同低值易耗品一样，把它归入到存货一类进行管理和核算。

3.×

工程成本中的人工费是指施工过程中直接从事建筑安装工程施工的建筑安装工人以及在施工现场直接为工程制作构件和运料、配料等人员的工资、奖金、职工福利费、工资性质的津贴、劳动保护费等。而工程项目管理人员的工资应属于工程成本中的间接费用。

4.×

施工企业的材料，除了主要用于工程外，还用于固定资产等专项工程，以及其他非生产性耗用。因此，进行材料费核算，必须严格划分施工生产耗用的界限，只有直接用于工程的材料才能记入工程成本的“材料费”项目。

5.√

无论周转材料采用哪种摊销方法（一次摊销法除外），由于都具有预计因素，平时计算的摊销额都不可能与实际损耗价值完全一致，所以需要在年度终了或工程竣工时，对周转材料进行盘点，根据实际损耗调整已提摊销额，以保证工程成本和有关费用的正确性。

实务训练提示

1. 市一建公司的会计处理如下：

（1）借：周转材料——在用周转材料（模板）　　32 000

　　贷：周转材料——在库周转材料（模板）　　32 000

（2）借：合同履约成本——工程施工（甲工程）　　1 188

　　贷：周转材料——在库周转材料（安全网）　　1 200

　　　　材料成本差异——周转材料　　$\boxed{12}$

（3）借：合同履约成本——工程施工（甲工程）　　1 600

　　贷：周转材料——周转材料摊销（模板）　　1 600

（4）退库时：

借：周转材料——在库周转材料（挡板）　　5 000

　贷：周转材料——在用周转材料（挡板）　　5 000

计算应补提摊销额：

应提摊销额=5 000×（1-60%）=2 000（元）

已提摊销额=5 000×$\frac{26\ 100}{58\ 000}$=2 250（元）

应补提摊销额=2 000-2 250=-250（元）

将应补提摊销额计入成本：

借：合同履约成本——工程施工（甲工程）　　$\boxed{250}$

　贷：周转材料——周转材料摊销（挡板）　　$\boxed{250}$

（5）计算应补提摊销额：

应提摊销额=8 000-1 400=6 600（元）

已提摊销额=8 000×$\frac{24\ 000}{30\ 000}$=6 400（元）

应补提摊销额=6 600-6 400=200（元）

将应补提摊销额计入成本：

借：合同履约成本——工程施工（甲工程）　　200

　贷：周转材料——周转材料摊销（跳板）　　200

残料入库，并结转报废跳板计划成本：

借：原材料 1 400
　　周转材料——周转材料摊销（跳板） 6 600
　贷：周转材料——在用周转材料（跳板） 8 000

分摊材料成本差异：

借：合同履约成本——工程施工（甲工程） 80
　贷：材料成本差异——周转材料 80

（6）计算应补提摊销额：

应提摊销额=计划成本=1 000元

已提摊销额=1 000×$\frac{34\ 200}{45\ 000}$=760（元）

应补提摊销额=1 000−760=240（元）

将应补提摊销额计入成本：

借：合同履约成本——工程施工（甲工程） 240
　贷：周转材料——周转材料摊销（架料） 240

冲销短缺架料计划成本：

借：周转材料——周转材料摊销（架料） 1 000
　贷：周转材料——在用周转材料（架料） 1 000

2.市二建公司的会计处理如下：

（1）搭建时发生各项支出：

借：在建工程——临时设施工程 24 696
　贷：原材料 21 000
　　　应付职工薪酬 2 400
　　　材料成本差异 210
　　　银行存款 1 506

（2）完工交付使用：

借：临时设施 24 696
　贷：在建工程——临时设施工程 24 696

计提本月临时设施摊销额1 764元（24 696÷14）：

借：合同履约成本——工程施工（环宇大厦工程——其他直接费） 1 764
　贷：临时设施摊销 1 764

（3）临时设施拆除，转入清理：

借：临时设施清理 3 528
　　临时设施摊销 21 168
　贷：临时设施 24 696

发生清理费用：

借：临时设施清理 1 500
　贷：银行存款 1 500

残料回收：

借：原材料 2 800

贷：临时设施清理 2 800

结转清理后的净损失：

借：营业外支出 2 228

贷：临时设施清理 2 228

3.医学院项目经理部的会计处理如下：

（1）人工费：

借：合同履约成本——工程施工（教学楼——人工费） 76 000

——工程施工（学生宿舍——人工费） 52 000

贷：应付职工薪酬 84 000

应付账款 44 000

（2）材料费：

借：合同履约成本——工程施工（教学楼——材料费） 314 000

贷：原材料——主要材料 231 000

——结构件 74 000

周转材料——周转材料摊销 9 000

借：合同履约成本——工程施工（学生宿舍——材料费） 251 500

贷：原材料——主要材料 184 000

——结构件 59 000

周转材料——周转材料摊销 8 500

借：合同履约成本——工程施工（教学楼——材料费） 750

贷：材料成本差异——主要材料 10

——结构件 740

借：合同履约成本——工程施工（学生宿舍——材料费） 670

贷：材料成本差异——主要材料 80

——结构件 590

（3）机械使用费：

借：合同履约成本——工程施工（教学楼——机械使用费） 4 200

——工程施工（学生宿舍——机械使用费） 2 800

贷：应付账款——××内部单位 7 000

（4）其他直接费：

借：合同履约成本——工程施工（教学楼——其他直接费） 1 300

——工程施工（学生宿舍——其他直接费） 800

贷：银行存款 2 100

（5）施工间接费用：

借：施工间接费用 28 764

贷：应付职工薪酬 22 800

银行存款 5 964

期末编制间接费用分配表，见表3-6。

表3-6

间接费用分配表

2024年6月30日　　金额单位：元

成本核算对象	工程直接费	分配率	应分配金额
教学楼	394 750		15 790
学生宿舍	306 430		12 974
合计	701 180	0.04	28 764

借：合同履约成本——工程施工（教学楼——间接费用）　15 790
　　　　　　　　——工程施工（学生宿舍——间接费用）　12 974
　贷：施工间接费用　28 764

4.市三建公司的会计处理如下：

结算工程价款：

借：应收账款——应收工程款　2 616 000
　贷：合同结算——价款结算　2 400 000
　　应交税费——应交增值税（销项税额）　216 000

抵扣预付款：

借：合同负债——预收工程款　523 200
　　　　　　——预收备料款　784 800
　贷：应收账款——应收工程款　1 308 000

确认合同收入和费用：

借：主营业务成本　1 920 000
　贷：合同履约成本　1 920 000

借：合同结算——收入结转　2 400 000
　贷：主营业务收入　2 400 000

收到剩余工程款：

借：银行存款　1 308 000
　贷：应收账款——应收工程款　1 308 000

5.市城建公司的会计处理如下：

（1）借：预付账款——预付分包单位款　200 000
　　　贷：银行存款　200 000

（2）借：预付账款——预付分包单位款　400 000
　　　贷：银行存款　400 000

（3）结算工程价款，作为自行完成的工作量时：

借：合同履约成本——工程施工　1 000 000
　　应交税费——应交增值税（进项税额）　90 000
　贷：应付账款——应付分包单位款　1 090 000

结算工程价款，不作为自行完成的工作量时：

借：主营业务成本　1 000 000
　　应交税费——应交增值税（进项税额）　90 000

贷：应付账款——应付分包单位款　1 090 000

（4）借：应付账款——应付分包单位款　600 000

　　贷：预付账款——预付分包单位款　600 000

（5）借：应付账款——应付分包单位款　490 000

　　贷：银行存款　490 000

6.佳宇建筑公司的账务处理如下：

（1）借：合同履约成本——工程施工（隧道——人工费）　300 000

　　——工程施工（大桥——人工费）　120 000

　　——工程施工（路基——人工费）　200 000

　　生产成本——辅助生产成本（采石场——人工费）　180 000

　　——辅助生产成本（机修队——人工费）　200 000

　　贷：应付职工薪酬　1 000 000

（2）借：合同履约成本——工程施工（隧道——材料费）　1 200 000

　　——工程施工（大桥——材料费）　500 000

　　生产成本——辅助生产成本（采石场——物资消耗）　6 000

　　贷：原材料——水泥　800 000

　　——钢材　900 000

　　——炸药　6 000

（3）材料费用分配表的填列结果，见表3–7。

表3–7

材料费用分配表

2024年3月31日　　单位：元

材料类别 \ 成本核算对象		隧道工程	大桥工程	合计
钢材	计划成本	60 000	40 000	100 000
	成本差异（2%）	1 200	800	2 000
木材	计划成本	45 000	32 000	77 000
	成本差异（1%）	450	320	770
结构件	计划成本	50 000	60 000	110 000
	成本差异（1%）	500	600	1 100
其他材料	计划成本	3 300	3 500	6 800
	成本差异（–1%）	–33	–35	–68
小计	计划成本	158 300	135 500	293 800
	成本差异	2 117	1 685	3 802
周转材料摊销	计划成本	2 600	1 800	4 400
	成本差异（–1%）	–26	–18	–44
合计		162 991	138 967	301 958

借：合同履约成本——工程施工（隧道——材料费）　162 991

——工程施工（大桥——材料费）　138 967

贷：原材料——主要材料（钢材）　100 000

——主要材料（木材）　77 000

——主要材料（结构件）　110 000

——主要材料（其他材料）　6 800

周转材料——周转材料摊销　4 400

材料成本差异——主要材料　3 802

——周转材料　[44]

（4）机械租赁费用分配表的填列结果，见表3-8。

表3-8　**机械租赁费用分配表**

2024年5月

受益对象	推土机		挖掘机		合计（元）
	台班单价：1 000元		台班单价：2 000元		
	台班	租赁费（元）	台班	租赁费（元）	
隧道工程	6	6 000	3	6 000	12 000
大桥工程	4	4 000	2	4 000	8 000
合计	10	10 000	5	10 000	20 000

借：合同履约成本——工程施工（隧道——机械使用费）　12 000

——工程施工（大桥——机械使用费）　8 000

应交税费——应交增值税（进项税额）　2 600

贷：银行存款　22 600

（5）借：合同履约成本——工程施工（隧道——其他直接费）　10 000

贷：银行存款　7 000

周转材料　3 000

（6）借：合同履约成本——工程施工（间接费用——管理人员工资）　70 000

——工程施工（间接费用——折旧费）　100 000

——工程施工（间接费用——办公费）　5 000

——工程施工（间接费用——差旅费）　8 000

——工程施工（间接费用——临时设施摊销）　20 000

——工程施工（间接费用——治理费）　3 000

贷：应付职工薪酬　70 000

累计折旧　100 000

库存现金　13 000

临时设施摊销　20 000

银行存款　3 000

（7）间接费用分配表的填列结果，见表3-9。

表3-9　　间接费用分配表

编制单位：佳宇建筑公司　　2024年第二季度　　金额单位：元

项目	人工费成本	分配率*	分配额
中央空调	200 000	0.3	60 000
炼油设备	1 000 000	0.3	300 000
过滤设备	800 000	0.3	240 000
合计	2 000 000		600 000

*间接费用分配率=600 000÷（200 000+1 000 000+800 000）=0.3

借：合同履约成本——工程施工（中央空调安装——间接费用）　60 000
　　　　　　　　——工程施工（炼油设备安装——间接费用）　300 000
　　　　　　　　——工程施工（过滤设备安装——间接费用）　240 000
　贷：合同履约成本——工程施工（间接费用）　600 000

（8）间接费用分配率=13 582÷（241 926+160 720.25）×100%=3.37%

甲工程应负担的间接费用=241 926×3.37%=8 152.91（元）

乙工程应负担的间接费用=13 582−8 152.91=5 429.09（元）

借：合同履约成本——工程施工（甲工程——间接费用）　8 152.91
　　　　　　　　——工程施工（乙工程——间接费用）　5 429.09
　贷：合同履约成本——工程施工（间接费用）　13 582

教材中典型案例解答

典型案例一

（1）借：在建工程——临时设施工程　17 200
　　贷：原材料　14 200
　　　　应付职工薪酬　2 858
　　　　材料成本差异　142

（2）借：临时设施　17 200
　　贷：在建工程——临时设施工程　17 200

（3）本月计提临时设施摊销额=17 200÷8=2 150（元）

借：其他间接费用　2 150
　贷：临时设施摊销　2 150

（4）借：周转材料——在用周转材料（挡板）　8 500
　　贷：周转材料——在库周转材料（挡板）　8 500

借：合同履约成本——工程施工（厂房工程——材料费）　600
　贷：周转材料——周转材料摊销（挡板）　600

（5）借：银行存款　500 000
　　贷：合同负债　500 000

（6）8月份的会计分录如下：

①借：合同履约成本——工程施工（厂房工程——人工费）	67 000	
——工程施工（办公楼工程——人工费）	58 000	
贷：应付职工薪酬		80 000
应付账款		45 000
②借：合同履约成本——工程施工（厂房工程——材料费）	250 900	
贷：原材料——主要材料		213 200
——结构件		34 000
周转材料——周转材料摊销		3 700
借：合同履约成本——工程施工（办公楼工程——材料费）	176 100	
贷：原材料——主要材料		145 000
——结构件		29 000
周转材料——周转材料摊销		2 100
借：合同履约成本——工程施工（厂房工程——材料费）	365	
贷：材料成本差异——主要材料		705
——结构件		340
借：合同履约成本——工程施工（办公楼工程——材料费）	275	
贷：材料成本差异——主要材料		565
——结构件		290
③借：合同履约成本——工程施工（厂房工程——机械使用费）	3 300	
——工程施工（办公楼工程——机械使用费）	2 600	
应交税费——应交增值税（进项税额）	767	
贷：应付账款——××设备租赁公司		6 667
④借：合同履约成本——工程施工（厂房工程——其他直接费）	1 700	
——工程施工（办公楼工程——其他直接费）	1 000	
贷：银行存款		2 700

⑤8月31日按直接成本分配其他间接费用，见表3-10。

表3-10 其他间接费用分配表

2023年8月31日　　金额单位：元

成本核算对象	工程直接成本	分配率	应分配金额
厂房工程	323 865		1 239.34
办公楼工程	237 975		910.66
合计	561 840	0.38%	2 150*

*应分配的其他间接费用为临时设施每月摊销金额2 150元。

借：合同履约成本——工程施工（厂房工程——其他间接费）	1 239.34	
——工程施工（办公楼工程——其他间接费）	910.66	
贷：其他间接费用		2 150
⑥借：施工间接费用	26 140	

贷：应付职工薪酬　20 520

银行存款　5 620

⑦8月31日编制间接费用分配表，见表3-11。

表3-11

间接费用分配表

2023年8月31日　金额单位：元

成本核算对象	工程直接费	分配率	应分配金额
厂房工程	325 104.34		15 068.05
办公楼工程	238 885.66		11 071.95
合计	563 990	4.63%	26 140

借：合同履约成本——工程施工（厂房工程——间接费用）　15 068.05

——工程施工（办公楼工程——间接费用）　11 071.95

贷：施工间接费用　26 140

（7）临时设施拆除，转入清理：

借：临时设施清理　2 150

临时设施摊销　15 050

贷：临时设施　17 200

发生清理费用：

借：临时设施清理　1 320

贷：银行存款　1 320

残料回收：

借：原材料　3 100

贷：临时设施清理　3 100

结转清理后的净损失：

借：营业外支出　370

贷：临时设施清理　370

（8）计算应补提摊销额：

应提摊销额=6 000-800=5 200（元）

已提摊销额=6 000×$\frac{41\ 400}{46\ 000}$=5 400（元）

应补提摊销额=5 200-5 400=-200（元）

将应补提摊销额计入成本：

借：合同履约成本——工程施工（办公楼工程——材料费）　200

贷：周转材料——周转材料摊销（跳板）　200

残料入库，并结转报废跳板计划成本：

借：原材料　800

周转材料——周转材料摊销（跳板）　5 200

贷：周转材料——在用周转材料（跳板）　6 000

分摊材料成本差异：

借：合同履约成本——工程施工（办公楼工程）　60

贷：材料成本差异——周转材料　60

（9）结算工程价款：

借：应收账款——应收工程款　5 014 000

贷：合同结算——价款结算　4 600 000

应交税费——应交增值税（销项税额）　414 000

抵扣预付款：

借：合同负债——预收工程款　3 500 000

贷：应收账款——应收工程款　3 500 000

确认合同收入和费用：

借：主营业务成本　3 750 000

贷：合同履约成本——工程施工　3 750 000

借：合同结算——收入结转　4 600 000

贷：主营业务收入　4 600 000

2024年2月收到剩余工程款：

借：银行存款　1 514 000

贷：应收账款——应收工程款　1 514 000

典型案例二

（1）借：合同履约成本——工程施工　2 940

贷：周转材料——在库周转材料　3 000

材料成本差异——周转材料　60

（2）业务的会计分录如下：

①借：周转材料——在用周转材料　50 000

贷：周转材料——在库周转材料　50 000

②借：合同履约成本——工程施工［50 000×（1-10%）÷10×2］　9 000

贷：周转材料——周转材料摊销　9 000

③借：合同履约成本——工程施工　180

贷：材料成本差异　180

（3）盘亏和毁损经济事项的会计分录如下：

①借：待处理财产损溢——待处理流动资产损溢　400

贷：原材料　400

②借：管理费用　400

贷：待处理财产损溢——待处理流动资产损溢　400

③借：待处理财产损溢——待处理流动资产损溢　5 650

贷：原材料　5 000

应交税费——应交增值税（进项税额转出）　650

④借：其他应收款——保险公司　4 300

营业外支出　1 350

贷：待处理财产损溢——待处理流动资产损溢　5 650

第四章

房地产开发企业会计

学习目的和要求

学习本章的目的，是掌握房地产开发企业特殊业务的会计核算方法。因此，要求学生在学习本章时，首先要了解房地产开发企业会计核算的特点，其次要理解房地产开发行业与其他行业不同的特殊业务的核算方法，进而掌握对这些特殊业务进行会计处理的技能。

重点问题解析

本章的重点问题有两个：一是房地产开发企业会计核算的特点；二是房地产开发企业开发成本的核算。

学习房地产开发企业会计核算的特点时，应注意掌握它与企业经营特点之间的内在联系。比如，房地产开发企业的开发经营业务内容极为广泛，既有建设场地的开发，又有房屋的建设，还有基础设施、配套设施以及市政工程等项目的开发建设，有的企业还开展商业用房的出租或经营以及商品房售后服务等业务。这使得开发经营资金在生产领域表现为多种不同的存在形态，具有多元性。再如，在开发经营过程中，房地产开发企业将与周边很多单位发生经济往来关系，不仅包括材料物资供应单位、建筑产品购买单位，而且还包括勘察设计单位、施工企业、委托建房单位、房屋承租单位等。加之企业间的购销业务大量采用预收预付结算方法，从而使开发企业因经济业务往来而引起的资金结算关系极为复杂。

学习房地产开发企业开发成本的核算时，应注意掌握各开发产品成本的核算内容及核算方法。房地产开发企业的开发产品成本，按其开发项目种类的不同可分为：土地开发成本、房屋开发成本、配套设施开发成本、代建工程开发成本。各类开发产品成本，在核算上又将其费用分为六个成本项目：土地征用及拆迁补偿费、前期工程费、建筑安装工程费、基础设施费、公共配套设施费、开发间接费用。

土地开发成本是指房地产开发企业开发土地（即建设场地）所发生的各项费用支出。

土地开发的目的与用途有两个：一是为销售或有偿转让而开发商品性建设场地；二是直接为本企业兴建商品房或其他经营性房屋而开发自用建设场地。企业开发自用建设场地的费用支出，如果能够分清费用负担对象，应直接计入有关房屋的开发成本，不在土地开发成本中核算；如果涉及两个或两个以上成本核算对象的，应先计入土地开发成本，待建设场地开发完工后，按一定的标准分摊计入有关的成本核算对象。企业开发商品性建设场地的费用支出，全部计入土地开发成本。土地开发完成结转其成本时，商品性建设场地转入“开发产品——土地”账户，自用建设场地转入“开发成本——房屋开发”账户。

房屋开发成本是指房地产开发企业开发各种房屋（包括商品房、出租房、周转房、代建房等）所发生的各项费用支出。企业在开发房屋过程中发生的土地征用及拆迁补偿费、前期工程费、基础设施费，能够分清成本核算对象的，应直接计入该房屋成本核算对象的成本项目；如果费用发生时分不清成本核算对象，或应由两个或两个以上成本核算对象负担的，应先在土地开发成本中进行归集，待土地开发完成用于房屋建设时，再采用一定的方法分配结转计入房屋开发成本。对于房屋开发的建筑安装工程费，采用出包方式的工程，应根据承包企业提出的“工程价款结算单”所列工程价款进行核算；采用自营方式的工程，应按实际发生额进行核算。房屋开发成本中的公共配套设施费用是指不能有偿转让的开发小区内公共配套设施发生的支出。开发的房屋产品完工，其开发成本应转入“开发产品——房屋开发”账户。

配套设施开发成本是指房地产开发企业根据城市建设规划或项目建设设计规划的要求，为满足居住的需要而与开发项目配套的各种服务性设施建设所发生的各项费用支出。属于“开发成本——配套设施开发”账户核算的公共配套设施工程，包括两部分：一是在开发小区以内不能有偿转让应直接计入开发项目成本，但由于不能同受益开发项目同步建设或虽可同步建设，但有两个或两个以上受益对象的公共配套设施工程。二是能有偿转让的公共配套设施工程。配套设施工程开发完工后，第一部分配套设施工程的开发成本，应按一定标准进行分配结转，记入“开发成本——房屋开发”账户；第二部分配套设施工程的开发成本，应转入“开发产品——配套设施”账户。

代建工程开发成本是指开发企业接受有关单位的委托代为开发建设的工程，或参加委托单位招标并经过投标中标后承建的开发项目所发生的各项费用支出。其具体内容包括：土地开发成本、房屋开发成本、市政工程开发（城市道路、基础设施、园林绿化、旅游风景开发）成本等。开发企业接受委托代为开发的建设场地和房屋，其建设内容和特点与企业的土地开发和房屋开发基本相同，所以其开发费用可比照土地开发和房屋开发的核算方法，分别在“开发成本——土地开发”和“开发成本——房屋开发”两个明细账户内核算；其他代建工程开发项目，应在“开发成本——代建工程开发”账户核算。代建开发工程竣工验收合格后，其成本应转入“开发产品——代建工程”账户。

本章的难点问题是配套设施支出的核算。房地产开发企业开发的配套设施，可以分为如下两类：一类是开发小区内开发的不能有偿转让的公共配套设施，如居委会、派出所、幼托所、消防设施、锅炉房、水塔、自行车棚、公厕等。另一类是能有偿转让的城市规划中规定的大型配套设施项目，包括：（1）开发小区内的营业性公共配套设施，如商店、银行、邮局等；（2）开发小区内的非营业性配套设施，如中小学、文化站、医院等；（3）开发项目外为居民服务的给排水、供电、供气的增容增压设施以及交通道路等。按照财务制度的规定，城市建设规划中的大型配套设施项目，不得计入商品房成本；不能有偿转让的开发小区内公共配套设施发生的支出，可以计入开发项目成本。

大型配套设施项目的开发成本，应在“开发成本——配套设施开发”账户核算，完工时，将其成本转入“开发产品——配套设施”账户。不能有偿转让的开发小区内公共配套设施发生的支出，应计入相应的房屋开发成本，其会计处理方法为：（1）配套设施与商品房同步建设，发生的公共配套设施费能分清受益对象的，应直接记入“开发成本——房屋开发”账户的“公共配套设施费”成本项目；如果发生的公共配套设施费不能分清受益对象，应先在“开发成本——配套设施开发”账户的借方归集，待公共配套设施竣工时，再从其贷方分配结转记入“开发成本——房屋开发”账户的借方。（2）若公共配套设施与商品房非同步建设，即商品房已建成出售，而配套设施尚在建设之中，未全部完成，为及时结转已完工商品房成本，对应负担的公共配套设施费，按规定报批后可采用预提方法，预先计入商品房成本；待公共配套设施完工后，按配套设施工程的实际支出数，冲销已预提的公共配套设施费，并调整有关成本核算对象的成本。

开发产品预提的公共配套设施费的计算，一般可按下式进行：

$$\text{某项开发产品预提的公共配套设施费}=\text{该项开发产品的建筑面积}\times\frac{\text{该配套设施预算成本（或计划成本）}}{\text{应负担该配套设施费的各开发产品的建筑面积合计}}$$

练习题

一、填空题

1. 房地产开发企业的会计核算同其他行业的会计核算相比，具有________、________、________和________四个特点。

2. 房地产开发产品成本，在核算上将其费用分为________、________、________、________、________和________六个成本项目。

3. 开发产品主要包括________、________、________、________等。

4. 按财务制度的规定，出租经营的开发产品应视为企业的________。

5. 房地产开发企业的主营业务收入包括________、________、________、________、________等。

6. 房地产开发企业的周转房是指用于安置被拆迁居民周转使用、产权归________所有的各种房屋。

7. 企业用开发的房屋安置拆迁户，应按________进行实物量管理和结转。

8. 出租开发产品是指房地产开发企业开发完成、用于出租经营的________。

9. 出租开发产品按月计提的折旧额，应记入________账户。

10. 房地产开发企业开发的配套设施，一类是开发小区内开发的________的公共配套设施，另一类是________的城市规划中规定的大型配套设施项目。

11. 按财务制度的规定，不能有偿转让的开发小区内公共配套设施发生的支出可以计入________。

12. “开发间接费用”账户用以核算开发企业________为开发产品而发生的各项间接费用。

13. 企业在开发房屋过程中发生的土地征用及拆迁补偿费、前期工程费、基础设施费，如果费用发生时分不清成本核算对象，或应由两个或两个以上成本核算对象负担的，应先通过________账户进行归集。

14. 若公共配套设施与商品房非同步建设，即商品房已建成出售，而配套设施尚在建设之中，未全部完成，为及时结转已完工商品房成本，对应负担的公共配套设施费，按规定报批后可采用________预先计入商品房成本；待公共配套设施完工后，按配套设施工程的________，冲销________的公共配套设施费，并调整有关成本核算对象的成本。

15. 房地产开发企业将开发的营业性配套设施，作为本企业从事第三产业用房，应视同________进行处理。

二、单项选择题

1. 房地产开发企业为将一处商品房出租而对其进行了装修，发生符合资本化条件的装修费应在（　　）账户中核算。

A. “主营业务成本”　　B. “开发成本”
C. “投资性房地产”　　D. “开发间接费用”

2. 对出租的商品房进行修理，发生的修理费应记入（　　）账户。

A. “主营业务成本”　　B. “开发成本”
C. “开发间接费用”　　D. “开发产品”

3. 房地产开发企业对周转房进行修理，其修理费应记入（　　）账户。

A. “开发产品”　　B. “主营业务成本”
C. “开发间接费用”　　D. “销售费用”

4. 开发成本中的公共配套设施费包括开发项目内的（　　）设施支出。

A. 照明　　B. 锅炉　　C. 环卫　　D. 供电

5. 属于房地产开发企业的其他业务收入的是（　　）。

A. 出租开发产品租金收入　　B. 配套设施销售收入
C. 土地使用权转让收入　　D. 商品房售后服务收入

三、多项选择题

1. 周转房计提摊销额应借记（　　）账户。

A. “开发成本”　　B. “主营业务成本”
C. “开发间接费用”　　D. “周转房摊销”

2. 开发成本中的基础设施费包括开发小区内的（　　）工程支出。

A. 绿化　　B. 排污　　C. 居委会　　D. 自行车棚

3. 开发成本中的前期工程费包括（　　）。

A. 土地征用费　　B. 勘察测绘费
C. 规划设计费　　D. 项目可行性研究费

4. 企业代管房发生的收入与支出应在（　　）账户中核算。

A. “主营业务收入”　　B. “其他业务收入”
C. “主营业务成本”　　D. “其他业务成本”

5. 开发成本中的土地征用及拆迁补偿费包括（　　）。

A.耕地占用税　　　　　　　　　　　　B.三通一平费

C.劳动力安置费　　　　　　　　　　　D.安置动迁用房支出

6.房地产开发企业开发的房屋包括（　　）。

A.商品房　　　B.经营房　　　C.周转房　　　D.代建房

四、判断题

1.房地产开发企业在开发商品房过程中发生的配套设施工程支出都可以计入商品房成本。（　　）

2.出租土地因不会发生损耗，故在出租期间不用摊销价值。（　　）

3.土地开发过程中发生的费用都应在"开发成本——土地开发"账户中核算。（　　）

4.公共配套设施与商品房非同步建设时，对应负担的公共配套设施费，可采用预提方法预先计入商品房成本。（　　）

5.商品房售后服务收入属于房地产开发企业的其他业务收入。（　　）

实务训练

1.盛达房地产开发公司为增值税一般纳税人，适用一般计税方法，增值税税率为9%。该公司准备开发兴隆小区，开发规划建造商品住宅31 200平方米、邮局300平方米、锅炉房90平方米，其中邮局建好后将有偿转让给市邮政局。该小区发生的土地征用及拆迁补偿费、前期工程费、基础设施费按各项开发产品的建筑面积进行分配。

兴隆小区在开发过程中，发生了下列有关开发业务：

（1）用银行存款支付土地征用及拆迁补偿费13 400 000元、前期工程费445 200元（含增值税25 200元）、基础设施费7 346 600元（含增值税606 600元）。

（2）土地开发完工后，结转其开发成本。

（3）将建筑面积3 120平方米的1号楼商品住宅的建筑安装工程发包给中华建筑公司施工，工程标价为2 790 400元（含增值税230 400元），工程完工结算取得增值税专用发票。盛达房地产开发公司已预付工程款2 000 000元，工程完工验收后用银行存款支付余款。

（4）用银行存款支付各项开发间接费用501 200元，假设此部分费用未取得增值税专用发票。

（5）经分配，1号楼应负担开发间接费用8 000元。

（6）锅炉房工程完工，结算工程价款381 500元（含增值税31 500元），取得增值税专用发票，工程款尚未支付。

（7）计算1号楼应负担的锅炉房开发成本。

（8）结转1号楼的开发成本。

（9）邮局工程完工，以银行存款支付工程结算价款272 064元（含增值税22 464元），取得增值税专用发票，并结转其成本。

要求：为盛达房地产开发公司对上述业务作出会计处理。

2.兴业房地产开发公司接受市电信公司的委托，代为建设办公楼，发生下列经济业务：用银行存款支付土地征用及拆迁补偿费、前期工程费等，共计320 000元，结转应付建筑安装工程费4 600 000元，应负担开发间接费用20 000元。工程完工验收合格，结转其开发成本。假设不考虑相关税费的影响。

要求：为兴业房地产开发公司对上述业务作出会计处理。

3.鸿利房地产开发公司为增值税一般纳税人，适用一般计税方法，增值税税率为9%。该公司2023年度发生下列有关出租开发产品的经济业务：

（1）企业本年开发的一幢商品房于5月份完工，经计算其实际开发成本为1 500 000元，6月份签订出租合同，将其用于出租。

（2）每月计提该出租房的折旧额，出租房的预计折旧年限为60年，预计净残值率为4%。

（3）10月份委托江南建筑公司对该出租房进行日常维修，用银行存款支付维修费3 000元，取得增值税普通发票。

（4）12月份承租人退租后，将该出租房对外销售，收入价款2 180 000元存入银行，开具增值税专用发票。

要求：为鸿利房地产开发公司对上述业务作出会计处理。

4.大华房地产开发公司发生下列周转房业务：

（1）为安置安民小区的动迁居民，将其建造的57号楼作为周转房，实际成本为2 600 000元。

（2）大华公司计提57号楼周转房的月摊销额5 000元。

（3）57号楼周转房发生修理费用21 800元，取得的增值税专用发票中注明价款20 000元，增值税税额1 800元，以银行存款支付。

（4）57号楼周转房使用两年后，公司将其作为商品房对外销售，售房收入3 815 000元存入银行，已开具增值税专用发票。该周转房累计摊销额为120 000元（5 000×24）。

要求：为大华房地产开发公司对上述业务作出会计处理。

5.盛宏房地产开发公司为增值税一般纳税人，适用一般计税方法，增值税税率为9%。2023年9月该公司发生下列经济业务：

（1）公司出售商品住宅一栋，取得价款收入7 630 000元存入银行，并开具增值税专用发票，该住宅的实际开发成本为6 200 000元。

（2）公司出租自行开发的写字楼一栋，收到本月租金收入109 000元存入银行，并开具增值税专用发票，同时计提月折旧额10 000元。

（3）公司为某公司代建办公楼一幢，按照代建合同规定，竣工后一次性结算。该工程本月已全部竣工验收合格，同委托方结算工程价款3 270 000元（含增值税270 000元），并开具增值税专用发票，其代建工程开发成本为2 200 000元。

（4）公司以预收款方式销售住房一栋，预收房款218 000元，并按照3%的预征率预交增值税。

要求：为盛宏房地产开发公司对上述业务作出会计处理。

6.安达房地产开发公司为增值税一般纳税人，适用一般计税方法，增值税税率为9%。2024年年初开始开发甲、乙两块土地。甲土地为商品用土地，竣工后对外销售；乙土地为自用建设场地，计划用于本公司楼盘建设。该公司本月发生下列经济业务：

（1）以银行存款支付土地征用及拆迁补偿费15 000 000元，其中，甲土地7 000 000

元，乙土地8 000 000元。

（2）以银行存款支付项目可行性研究及勘察测绘费530 000元（含增值税30 000元），其中，甲土地212 000元（含增值税12 000元），乙土地318 000元（含增值税18 000元）。

（3）由第一建筑公司承包的土地开发基础设施工程竣工，结算应付工程款708 500元，取得的增值税专用发票中注明价款650 000元，增值税税额58 500元。其中，甲土地327 000元（含增值税27 000元），乙土地381 500元（含增值税31 500元）。

（4）甲土地公共配套设施水塔竣工，结算应付工程款196 200元，取得的增值税专用发票中注明价款180 000元，增值税税额16 200元。

（5）结算土地应负担的开发间接费用100 000元，其中，甲土地60 000元，乙土地40 000元。

（6）月末甲土地开发完成竣工验收，结转其开发成本。

要求：为安达房地产开发公司对上述业务作出会计处理。

练习题参考答案

一、填空题

1. 资金筹集渠道的多源性　资金占用形态的多元性　结算业务的频繁性及由此引起的财务关系的复杂性　核算周期具有长期性

2. 土地征用及拆迁补偿费　前期工程费　建筑安装工程费　基础设施费　公共配套设施费　开发间接费用

3. 土地　房屋　配套设施　代建工程

4. 投资性房地产

5. 土地使用权转让收入　商品房销售收入　配套设施销售收入　代建工程结算收入　出租开发产品租金收入

6. 企业

7. 实际安置面积

8. 土地和房屋

9. “投资性房地产累计折旧”

10. 不能有偿转让　能有偿转让

11. 开发项目成本

12. 内部独立核算单位

13. “开发成本——土地开发”

14. 预提方法　实际支出数　已预提

15. 自用固定资产

二、单项选择题

1.C　2.A　3.C　4.B　5.D

三、多项选择题

1.AC　2.AB　3.BCD　4.BD　5.ACD　6.ABCD

四、判断题

1.×

按财务制度的规定，城市建设规划中的大型配套设施项目，不得计入商品房成本。

2.×

出租土地虽不会发生损耗，但在出租期满以后，要将土地归还出租单位，因此也应按出租年限，按月计提其摊销额。

3.×

如果企业开发自用建设场地的费用支出，能够分清费用负担对象的，应直接计入有关房屋的开发成本，即通过“开发成本——房屋开发”账户核算。

4.√

这样可以及时结转商品房成本。

5.√

因为商品房售后服务收入属于房地产开发企业附加业务所发生的收入。

实务训练提示

1.盛达房地产开发公司的会计处理如下：

（1）借：开发成本——土地开发　20 560 000

　　应交税费——应交增值税（进项税额）　631 800

　贷：银行存款　21 191 800

（2）计算各成本核算对象应分摊的土地开发成本：

土地开发成本分配比例：

商品住宅分配比例=31 200÷（31 200+300）×100%=99.05%

邮局分配比例=300÷（31 200+300）×100%=0.95%

1号楼分配比例=3 120÷（31 200+300）×100%=9.905%

分配额：

商品住宅分配额=20 560 000×99.05%=20 364 680（元）

邮局分配额=20 560 000×0.95%=195 320（元）

1号楼分配额=20 560 000×9.905%=2 036 468（元）

注：因锅炉房的价值也需分摊到商品住宅和邮局的开发成本中，故可不分摊土地开发成本。

结转土地开发成本：

借：开发成本——房屋开发（商品住宅）　20 364 680

　　——配套设施开发（邮局）　195 320

　贷：开发成本——土地开发　20 560 000

结转1号楼的开发成本：

借：开发成本——房屋开发（1号楼）　2 036 468

　贷：开发成本——房屋开发（商品住宅）　2 036 468

（3）借：开发成本——房屋开发（1号楼）　2 560 000

　　应交税费——应交增值税（进项税额）　230 400

贷：银行存款 790 400

预付账款 2 000 000

（4）借：开发间接费用 501 200

贷：银行存款 501 200

（5）借：开发成本——房屋开发（1号楼） 8 000

贷：开发间接费用 8 000

（6）借：开发成本——配套设施开发（锅炉房） 350 000

应交税费——应交增值税（进项税额） 31 500

贷：应付账款 381 500

（7）1号楼的分配比例=3 120÷（31 200+300）×100%=9.905%

1号楼应负担的锅炉房开发成本=350 000×9.905%=34 667.50（元）

借：开发成本——房屋开发（1号楼） 34 667.50

贷：开发成本——配套设施开发（锅炉房） 34 667.50

（8）1号楼开发成本=2 036 468+2 560 000+8 000+34 667.50=4 639 135.50（元）

借：开发产品——房屋（1号楼） 4 639 135.50

贷：开发成本——房屋开发（1号楼） 4 639 135.50

（9）借：开发成本——配套设施开发（邮局） 249 600

应交税费——应交增值税（进项税额） 22 464

贷：银行存款 272 064

结转开发成本444 920元（195 320+249 600）：

借：开发产品——配套设施 444 920

贷：开发成本——配套设施开发（邮局） 444 920

2.兴业房地产开发公司应作如下会计处理：

（1）支付土地征用及拆迁补偿费、前期工程费时：

借：开发成本——代建工程开发 320 000

贷：银行存款 320 000

（2）结转应付建筑安装工程费时：

借：开发成本——代建工程开发 4 600 000

贷：应付账款 4 600 000

（3）分配开发间接费用时：

借：开发成本——代建工程开发 20 000

贷：开发间接费用 20 000

（4）结转实际成本时：

借：开发产品——代建工程 4 940 000

贷：开发成本——代建工程开发 4 940 000

3.鸿利房地产开发公司应作如下会计处理：

（1）借：投资性房地产 1 500 000

贷：开发产品 1 500 000

（2）每月折旧金额=1 500 000×（1-4%）÷60÷12=2 000（元）

借：主营业务成本　2 000
　贷：投资性房地产累计折旧　2 000
（3）借：主营业务成本　3 000
　　贷：银行存款　3 000
（4）借：银行存款　2 180 000
　　贷：主营业务收入　2 000 000
　　　应交税费——应交增值税（销项税额）　180 000
借：主营业务成本　1 486 000
　投资性房地产累计折旧　14 000
　贷：投资性房地产　1 500 000
4.大华房地产开发公司应作如下会计处理：
（1）借：周转房——在用周转房　2 600 000
　　贷：开发产品　2 600 000
（2）借：开发间接费用（或开发成本）　5 000
　　贷：周转房——周转房摊销　5 000
（3）借：开发间接费用（或开发成本）　20 000
　　应交税费——应交增值税（进项税额）　1 800
　　贷：银行存款　21 800
（4）借：银行存款　3 815 000
　　贷：主营业务收入　3 500 000
　　　应交税费——应交增值税（销项税额）　315 000
借：主营业务成本　2 480 000
　周转房——周转房摊销　120 000
　贷：周转房——在用周转房　2 600 000
5.盛宏房地产开发公司应作如下会计处理：
（1）借：银行存款　7 630 000
　　贷：主营业务收入——商品房销售收入　7 000 000
　　　应交税费——应交增值税（销项税额）　630 000
借：主营业务成本　6 200 000
　贷：开发产品——房屋　6 200 000
（2）借：银行存款　109 000
　　贷：主营业务收入——出租开发产品租金收入　100 000
　　　应交税费——应交增值税（销项税额）　9 000
借：主营业务成本　10 000
　贷：投资性房地产累计折旧　10 000
（3）借：应收账款——××公司　3 270 000
　　贷：主营业务收入——代建工程结算收入　3 000 000
　　　应交税费——应交增值税（销项税额）　270 000
借：主营业务成本——代建工程结算成本　2 200 000

贷：开发产品——代建工程 2 200 000

（4）借：银行存款 218 000

贷：合同负债 218 000

本月预交增值税=218 000÷（1+9%）×3%=6 000（元）

借：应交税费——预交增值税 6 000

贷：银行存款 6 000

月末转出预交增值税：

借：应交税费——未交增值税 6 000

贷：应交税费——预交增值税 6 000

6.安达房地产开发公司应作如下会计处理：

（1）借：开发成本——土地开发（甲土地——土地征用及拆迁补偿费） 7 000 000

——土地开发（乙土地——土地征用及拆迁补偿费） 8 000 000

贷：银行存款 15 000 000

（2）借：开发成本——土地开发（甲土地——前期工程费） 200 000

——土地开发（乙土地——前期工程费） 300 000

应交税费——应交增值税（进项税额） 30 000

贷：银行存款 530 000

（3）借：开发成本——土地开发（甲土地——基础设施费） 300 000

——土地开发（乙土地——基础设施费） 350 000

应交税费——应交增值税（进项税额） 58 500

贷：应付账款——应付工程款 708 500

（4）借：开发成本——土地开发（甲土地——公共配套设施费） 180 000

应交税费——应交增值税（进项税额） 16 200

贷：应付账款——应付工程款 196 200

（5）借：开发成本——土地开发（甲土地——开发间接费用） 60 000

——土地开发（乙土地——开发间接费用） 40 000

贷：开发间接费用 100 000

（6）借：开发产品——土地（甲土地） 7 740 000

贷：开发成本——土地开发（甲土地） 7 740 000

教材中典型案例解答

典型案例一

（1）借：开发成本——土地开发（土地征用及拆迁补偿费） 14 250 000

贷：银行存款 14 250 000

（2）借：开发成本——土地开发（前期工程费） 250 000

——土地开发（基础设施费） 700 000

应交税费——应交增值税（进项税额） 78 000

贷：银行存款 1 028 000

土地开发成本分配比例：

1#楼分配比例=2 400÷（28 100−100）×100%=8.57%

2#楼分配比例=1 800÷（28 100−100）×100%=6.43%

分配额：

1#楼分配额=15 200 000×8.57%=1 302 640（元）

2#楼分配额=15 200 000×6.43%=977 360（元）

注：因锅炉房等配套设施的开发成本也需分摊到商品房中，故可不分摊土地开发成本。

结转土地开发成本：

借：开发成本——房屋开发（1#楼） 1 302 640

——房屋开发（2#楼） 977 360

贷：开发成本——土地开发 2 280 000

（3）借：预付账款 1 500 000

贷：银行存款 1 500 000

（4）借：开发成本——配套设施开发 364 000

应交税费——应交增值税（进项税额） 32 760

贷：应付账款 396 760

每平方米建筑面积应分配的配套设施费用=364 000÷（28 100−100）=13（元/平方米）

1#楼应分配的配套设施费用=13×2 400=31 200（元）

2#楼应分配的配套设施费用=13×1 800=23 400（元）

结转配套设施费用：

借：开发成本——房屋开发（1#楼） 31 200

——房屋开发（2#楼） 23 400

贷：开发成本——配套设施开发 54 600

（5）借：开发成本——房屋开发（1#楼） 2 000 000

应交税费——应交增值税（进项税额） 180 000

贷：银行存款 680 000

预付账款 1 500 000

结转完工的1#楼开发成本3 333 840元（1 302 640+31 200+2 000 000）：

借：开发产品——房屋（1#楼） 3 333 840

贷：开发成本——房屋开发（1#楼） 3 333 840

（6）借：库存现金 327 000

贷：主营业务收入——商品房销售收入 300 000

应交税费——应交增值税（销项税额） 27 000

1#楼每平方米开发成本为1 389.10元（3 333 840÷2 400）。

销售商品房的开发成本为150 022.80元（1 389.10×108）。

借：主营业务成本 150 022.80

贷：开发产品 150 022.80

（7）借：银行存款 109 000

贷：合同负债 10 9000

本月预交增值税=109 000÷（1+9%）×3%=3 000（元）

借：应交税费——预交增值税 3 000
　贷：银行存款 3 000

月末转出预交增值税：

借：应交税费——未交增值税 3 000
　贷：应交税费——预交增值税 3 000

（8）借：开发成本——房屋开发（2#楼） 1 600 000
　　应交税费——应交增值税（进项税额） 144 000
　贷：银行存款 544 000
　　预付账款 1 200 000

（9）2#楼开发成本为2 600 760元（977 360+23 400+1 600 000）。

借：开发产品——房屋（2#楼） 2 600 760
　贷：开发成本——房屋开发（2#楼） 2 600 760

借：投资性房地产 2 600 760
　贷：开发产品——房屋（2#楼） 2 600 760

（10）借：银行存款 196 200
　贷：主营业务收入——出租开发产品租金收入 180 000
　　应交税费——应交增值税（销项税额） 16 200

（11）借：主营业务成本 6 000
　贷：银行存款 6 000

（12）按月计提折旧额=2 600 760×0.2%=5 201.52（元）

借：主营业务成本 5 201.52
　贷：投资性房地产累计折旧 5 201.52

出售时已提折旧额为312 091.20元（5 201.52×12×5）。

借：银行存款（2 500×1 800） 4 500 000
　贷：主营业务收入 4 128 440.37
　　应交税费——应交增值税（销项税额） 371 559.63

借：主营业务成本 2 288 668.80
　投资性房地产累计折旧 312 091.20
　贷：投资性房地产 2 600 760

典型案例二

（1）借：开发成本——土地开发（土地征用及拆迁补偿费） 23 000 000
　贷：银行存款 23 000 000

（2）借：开发成本——土地开发（前期工程费） 1 000 000
　　——土地开发（基础设施费） 3 000 000
　　应交税费——应交增值税（进项税额） 330 000
　贷：银行存款 4 330 000

借：开发成本——房屋开发（甲座） 10 800 000
　——房屋开发（乙座） 16 200 000

贷：开发成本——土地开发　27 000 000

（3）借：预付账款——一建　6 540 000

贷：银行存款　6 540 000

（4）借：开发成本——配套设施开发　500 000

应交税费——应交增值税（进项税额）　45 000

贷：应付账款——一建　545 000

借：开发成本——房屋开发（甲座）（500 000×40%）　200 000

——房屋开发（乙座）（500 000×60%）　300 000

贷：开发成本——配套设施开发　500 000

（5）借：开发成本——房屋开发（甲座）　10 000 000

应交税费——应交增值税（进项税额）　900 000

贷：银行存款　4 360 000

预付账款——一建　6 540 000

借：开发产品——房屋（甲座）　21 000 000

贷：开发成本——房屋开发（甲座）（10 800 000+200 000+10 000 000）　21 000 000

（6）借：银行存款　3 924 000

贷：主营业务收入　3 600 000

应交税费——应交增值税（销项税额）　324 000

借：主营业务成本（21 000 000÷10 000×1 200）　2 520 000

贷：开发产品——房屋（甲座）　2 520 000

（7）借：开发成本——房屋开发（乙座）　13 500 000

应交税费——应交增值税（进项税额）　1 215 000

贷：银行存款　5 724 000

预付账款　8 991 000

（8）借：开发产品——房屋（乙座）　30 000 000

贷：开发成本——房屋开发（乙座）（16 200 000+300 000+13 500 000）

30 000 000

借：周转房——在用周转房（乙座）　30 000 000

贷：开发产品——房屋（乙座）　30 000 000

（9）借：开发间接费用（或开发成本）　60 000

贷：周转房——周转房摊销（乙座）（30 000 000×0.2%）　60 000

（10）借：银行存款　49 050 000

贷：主营业务收入　45 000 000

应交税费——应交增值税（销项税额）　4 050 000

借：主营业务成本　28 560 000

周转房——周转房摊销（60 000×24）　1 440 000

贷：周转房——在用周转房（乙座）　30 000 000

第五章

银行会计

学习目的和要求

学习本章的目的，是掌握银行会计主要业务的核算方法。因此，要求了解银行会计的特点，掌握中央银行会计和商业银行会计主要业务的会计核算方法。

重点问题解析

本章重点问题有两个：一是商业银行会计业务的核算；二是中央银行会计业务的核算。

学习商业银行业务时，应注意了解银行业经营的特点及银行会计业务的特点。银行会计与其他行业会计相比，具有如下突出特点：

1. 会计核算活动与业务处理活动的统一性

银行是经营货币资金商业性买卖的特殊行业，绝大部分业务活动的发生会直接引起货币资金的增减变动。银行在处理各项业务的同时，必须通过会计部门来直接完成，银行会计核算的过程就是银行办理业务的过程。所以，银行会计核算和业务处理是同步进行的，具有统一性。

2. 反映国民经济活动情况的综合性

银行是国民经济的一个综合部门，它的业务是由国家各经济组织和城乡居民的经济活动引起的。因此，银行会计在微观上反映自身的业务活动和国民经济各部门、各单位以及广大居民的经济活动情况，而通过各分支行的会计报表逐级上报，就可以综合地反映出全国的经济活动情况。

3. 会计核算方法的独特性

银行经营的是特殊商品，各项业务活动从发生到完成，只有货币资金这一种运动形态，而其他行业的资金在运动过程中的形态经常发生变化，除货币资金形态外，还有储备资金、生产资金、成品资金等形态。所以，银行会计具有独特的会计核算方法。

4.提供会计核算资料的及时性

由于银行与国民经济各部门以及广大居民联系密切，它对外提供的有关资料是国家了解国民经济情况、制定宏观政策、进行宏观决策的重要依据。另外，银行经营的是货币这种特殊商品，这就要求银行会计必须及时对外提供会计资料。同时，还要求银行在对每天业务活动核算完毕后，在当日账务核对无误的基础上编制当日的内部会计报表——日计表。这种及时性是其他行业无法比拟的。

5.会计核算和内部监督的严密性

银行经营商品的特殊性决定了银行会计在核算手续和内部监督措施上比其他行业会计更严密。其主要体现在：现金收付换人复核、双人临柜制度、储蓄存款账折见面、当天业务当天必须入账、每天必须清点库存等制度。只有这样才能做到万无一失。

商业银行的主要经营业务包括存款业务、贷款业务和结算业务。

存款业务是银行以信用方式向社会吸收闲置资金，其核算的基本内容主要包括单位活期存款的核算、单位定期存款的核算、活期储蓄存款的核算和定期储蓄存款的核算四部分。

“活期存款”账户属于负债类账户，核算银行吸收的单位活期存款。其贷方登记收到的单位存入的活期存款和结算的利息；借方登记单位支取或按规定扣款、销户的金额；余额在贷方，反映单位活期存款的结存数额。

“定期存款”账户属于负债类账户，核算单位在银行存入的定期存款。其贷方登记收到单位存入的定期存款；借方登记单位支取或到期的转存数额；余额在贷方，反映单位在银行定期存款的实有数额。

“活期储蓄存款”账户属于负债类账户，核算居民个人存入银行的活期储蓄存款。其贷方登记收到居民个人存入的活期储蓄存款和结计的利息；借方登记居民个人支取款项或销户时的款项；余额在贷方，反映居民个人在银行活期储蓄存款的实有数额。

“定期储蓄存款”账户属于负债类账户，核算居民个人在银行存入的各类定期储蓄存款，包括定活两便储蓄存款、零存整取储蓄存款、整存整取储蓄存款、存本取息储蓄存款、整存零取储蓄存款等。其贷方登记居民个人存入的定期储蓄存款数额；借方登记居民个人提取的数额；余额在贷方，反映居民定期储蓄存款的结余数额。

贷款业务也称放款，是银行或其他金融机构以一定的利率和必须归还等为条件，把货币资金提供给需要者的一种信用活动。信用贷款是银行的高风险资产，是指在借款人无任何抵押的情况下，凭借借款人的信用而发放的贷款。信用贷款分为逐笔核贷、商业票据贴现贷款、下贷上转三种。逐笔核贷的核算方式主要指银行根据借款单位提出的申请，审查批准后，约定期限逐笔发行，一次或分次收回贷款本息。这种贷款方式适合各种流动资金贷款、各种设备贷款、临时性贷款等。这类贷款一般根据贷款期限是否超过一年划分为短期贷款和中长期贷款两种。

“短期贷款”和“中长期贷款”账户属于资产类账户，分别核算银行向借款单位发放的短期和中长期贷款。其借方登记发放贷款的本金；贷方登记贷款的收回和不能收回转入“逾期贷款”账户的数额；余额在借方，反映尚未收回的贷款。该账户按照借款单位设置明细账，进行明细核算。

贴现是指申请人持未到期的票据，要求银行融资，将票据金额扣除未到期利息后如数付给申请人的一种贷款方式。这种贷款方式的特点在于其贷款对象是票据。按照《中华人民共和国票据法》的规定，可以贴现的票据有商业汇票（包括银行承兑汇票和商业承兑汇票）、未到期的债券和存单等。贴现利息和贴现金额的计算公式为：

贴现利息=汇票金额×贴现天数×贴现利率

贴现金额=汇票金额-贴现利息

为核算银行办理商业票据贴现、再贴现和转贴现业务，应设置“贴现资产”账户。其借方登记单位和其他商业银行来办理贴现和转贴现的商业票据的票面金额、再贴现票据到期中央银行扣收票款、偿还其他商业银行票款等；贷方登记以未到期的商业票据向中央银行或其他银行转贴现、到期向贴现申请人或转贴现申请人收回的票款以及不能收回的票款的核销数额。“贴现资产”账户应设置“贴现票据”“转贴现票据”“再贴现资金”“转贴现资金”等二级账户，并分别按照贴现申请人或再贴现机构设置明细账，进行明细核算。

担保贷款是指借款人申请借款的同时，向银行提供有法人资格的且能承担借款人一旦无力还款而能代之履行偿还责任的经济组织作担保的贷款。担保贷款虽有保证人，但只是以保证人的信用作担保，借款人未以任何财产作抵押，从严格意义上讲仍为信用贷款，因此其会计处理与信用贷款相同。但当债务期满债务人未能偿债而追究保证人连带责任时，应调整账务。

抵押贷款与信用贷款、担保贷款是不同的，其主要区别在于有无物资作抵押。抵押贷款是银行要求借贷人提供一定的抵押品作为物资保证而发行的贷款。如借贷人逾期不能还贷，银行有权以其抵押品作为抵扣，以所得的收入作为补偿。

结算业务包括银行汇票结算、商业汇票结算、委托收款结算、汇兑等。

学习中央银行会计时，应注意了解中央银行会计业务及其特点。中央银行是管理全国金融事业的国家机关，与专业银行、其他部门、单位相比具有以下几个特点：

（1）中央银行会计具有金融宏观管理特征，是实现中央银行职能的工具。中央银行根据国家经济和金融政策，采取宏观调控手段，进行货币发行、回笼、存款、贷款等资金活动，这些活动无一不通过会计体现出国家宏观金融管理的性质。

（2）中央银行的会计核算既能反映专业银行和其他金融机构本身的经营活动情况，又能综合反映各个地区和全国的金融活动状况。专业银行及其他金融机构必须在中国人民银行开立账户，其营运资金的收付要在中国人民银行开设的账户中进行。根据《全国银行统一会计基本制度》的规定，中央银行总行管理全国银行会计工作，中央银行各地分支机构管理本地区银行和其他金融机构会计工作。各专业银行要根据《全国银行统一会计基本制度》的规定，使用全国银行统一会计科目，并向中央银行编报统一会计报表。

从会计核算的角度来看，中央银行的会计核算内容主要包括货币发行业务的核算、国库业务的核算、商业银行缴存存款和贷款的核算等。

中央银行是管理全国金融业的国家机关，是全国金融活动的中心。中央银行掌管货币发行、集中管理信贷资金、管理外汇和金银、经理国库、代理发行国家债券等，与各专业银行和其他金融机构以及财政部门等发生密切的资金联系。

中央银行的业务范围包括：

（1）集中资金。中央银行的资金来源主要由四部分组成：

① 自有资金，包括中央信贷基金、固定资产基金、专项基金等；

② 各项存款，包括财政性存款、专业银行及其他金融机构缴存款、专业银行及其他金融机构存款、邮政储蓄转存款等；

③ 其他资金来源，包括结算资金、暂收款项及各项收入；

④ 货币发行（流通中的货币）。

（2）分配资金。中央银行的资金运用也有四个方面：

① 各项贷款，包括对专业银行及其他金融机构的贷款、各种专项贷款和再贴现等；

② 各项占款，包括拨付中央信贷基金、金银占款、固定资产占款、有价证券、投资、兑付国家债券本息款项等；

③ 其他资金占用，如暂付款项、各项支出及费用等；

④ 库存现金。

（3）宏观调控。对专业银行及其他金融机构等的业务活动，实行金融宏观控制与调节。

练习题

一、填空题

1. 银行本票分为________和________。

2. 租赁会计主要核算租赁公司的经营活动，________和________是其主要的经济业务。

3. 从银行的性质和经营范围划分，银行大体可以分为两类：一类是________；另一类是________。

4. ________是管理全国金融事业的国家机关，是全国金融活动的中心。

5. 中央银行向商业银行贷款可划分为四种：________、________、________和________。

6. ________是我国唯一的货币发行机关。

7. 各商业银行将超过库存限额的货币交存中国人民银行发行库，称为________。

8. 我国的国库分为________和________两部分。

二、单项选择题

1. 金融业会计由银行会计、金融企业会计及（　　）组成。

A. 保险会计　　B. 信托投资会计　　C. 租赁会计　　D. 证券会计

2.（　　）是影响金融产品盈利的基本因素。

A. 供求关系　　B. 利率　　C. 风险　　D. 业务类型

3.（　　）的财务体制类似事业单位的预算收支制，不以营利为目的。

A. 中央银行　　B. 商业银行　　C. 政策性银行　　D. 中外合资银行

4. 银行会计在账务处理的（　　）方面远远超过其他行业会计。

A. 准确性　　B. 统一性　　C. 及时性　　D. 灵活性

5.（　　）与信用贷款的主要区别在于有无物资作抵押。

A. 抵押贷款　　B. 贴现贷款　　C. 活期贷款　　D. 定期贷款

6.抵押贷款的核算中，假如处理抵押品的价款小于还贷本金，其不足部分应由（　　）清偿。

A.债务人　　B.债权人　　C.担保人　　D.应收利息

7.金融业的结果是帮助使用者产生价值（　　）。

A.减值　　B.盈利　　C.增值　　D.亏损

8.按照《中华人民共和国票据法》的规定，可以贴现的票据有（　　）、未到期的债券和存单等。

A.银行本票　　B.商业汇票　　C.支票　　D.信用卡

三、多项选择题

1.金融市场是实现资金融通的场所，其构成要素包括（　　）。

A.金融市场的参与者　　B.金融工具

C.金融市场的中介机构　　D.证券公司

2.贷款按有无贷款保障划分，可分为（　　）。

A.逐笔核算贷款　　B.抵押贷款

C.信用贷款　　D.担保贷款

3.存款业务核算的基本内容主要有（　　）。

A.单位活期存款的核算　　B.单位定期存款的核算

C.活期储蓄存款的核算　　D.定期储蓄存款的核算

4.金融企业会计制度除适用于商业银行、信用社外，还适用于（　　）。

A.信托投资公司　　B.租赁公司

C.证券公司　　D.保险公司

5.结算业务包括（　　）。

A.银行本票结算　　B.委托收款结算

C.汇兑　　D.信用卡

四、判断题

1. 金融业活动存在的风险性很大。（　　）

2. 国家商业银行具有监督管理金融市场、发行人民币等职责。（　　）

3. 政策性银行实行企业财务制度，争取较多的盈利。（　　）

4. 央行在提供服务的同时，加强了对服务对象的监管。（　　）

5. 信用贷款是指银行要求借款人提供一定的抵押品作为物资保证而发放的贷款。（　　）

6. 金融业活动的性质是不具有有偿性特征。（　　）

7. 银行业的业务处理必须与会计处理相统一。（　　）

8. 汇兑的方式有两种：信汇和电汇。（　　）

实务训练

1.郑州市某装饰公司向开户行东城区建设银行存入现金200 000元，同年，该装饰公司以现金支票从东城区建设银行支取现金5 000元。

要求：根据上述业务编制东城区建设银行的有关会计分录。

2. 承1，该装饰公司同年向东城区建设银行申请1年期的定期存款100 000元，利息8%，该行同意。1年后该装饰公司定期存款到期，转存为活期存款，该行同意。

要求：根据上述业务编制东城区建设银行的有关会计分录。

3. 开户行大东建设银行接受居民李方存入活期储蓄存款3 000元，2个月后李方取出500元，再3个月后取出所有存款和利息，该行结出利息合计650元。

要求：根据上述业务编制大东建设银行的有关会计分录。

4. 开户行大东建设银行储户刘力开立零存整取储蓄存款账户，每个月存入2 000元，1年后到期，银行计算的利息为1 200元。

要求：根据上述业务编制大东建设银行的有关会计分录。

5. 沈阳大成公司向大东区工商银行（增值税一般纳税人）申请长期贷款，金额300 000元，同日该行向个体户刘力发放个人短期贷款5 000元，个体户刘力逾期未能还贷。大东区工商银行如期收回沈阳大成公司贷款，利息收入9 000元。

要求：根据上述业务编制大东区工商银行的有关会计分录。

6. 沈阳某公司目前急需一笔短期资金200 000元，以厂房向大东区建设银行（增值税一般纳税人）申请抵押贷款，贷款到期，该行收到借款人归还的本息204 000元。如果公司到期未能及时还款，大东区建设银行要处理抵押品补偿本息，假设该行将抵押品出售，价款为204 000元。

要求：根据上述业务编制大东区建设银行的有关会计分录。

7. 3月1日沈阳市某装饰公司持一张面额200 000元的商业承兑汇票去开户行沈阳市建设银行（增值税一般纳税人）申请贴现。票据到期日为6月1日，月贴现率为6%，沈阳市建设银行收到付款人开户行大连市中国银行转来的到期划回款项。汇票到期，假如该装饰公司存款户只有120 000元。

要求：根据上述业务编制沈阳市建设银行的有关会计分录。

8. 沈阳市大东区建设银行某客户申请办理银行汇票一张，金额50 000元，假如大东区建设银行接到联行借方报单及解讫通知，交易金额40 000元。

要求：根据上述业务编制大东区建设银行的有关会计分录。

9. 甲公司卖给乙公司一批原料，价值80 000元，乙公司签发由其开户行承兑的银行承兑汇票一张，面额80 000元，承兑期限3个月，手续费率1%。汇票到期，乙公司开户行向乙公司收取票款，办理票款转账。假如乙公司存款户只有50 000元，无力付款，乙公司开户行做相应处理。

要求：根据上述业务编制乙公司开户行和甲公司开户行的有关会计分录。

10. 中国人民银行某市分行本月发生如下经济业务：

（1）中国工商银行某市分行缴来财政性存款4 000 000元，一般性存款5 000 000元。

（2）交通银行某市分行申请取得限期为3个月的日拆性借款8 000 000元。

（3）招商银行某市分行于2023年9月1日将一张期限为3个月的未到期商业承兑汇票提前2个月办理再贴现。票面金额为400 000元，月贴现率为3.6‰。

（4）中国农业银行某市分行签发现金支票，提取现金1 000 000元。

要求：根据上述业务编制有关会计分录。

11.中国工商银行星海支行为增值税一般纳税人，适用税率为6%。2024年5月10日接到开户单位大华工厂借款申请，经信贷部门核定，同意贷给大华工厂期限为6个月、年利率为7.5%的短期贷款300 000元，并于5月20日将贷款划给大华工厂存款户。同时，约定采取定期收息的方式核算贷款利息，收息日期分别定于6月20日、9月20日和11月20日。

要求：根据上述经济业务编制有关会计分录。

练习题参考答案

一、填空题

1.不定额银行本票　定额银行本票

2.融资租赁　经营租赁

3.中央银行　商业银行

4.中央银行

5.年度性贷款　季节性贷款　日拆性贷款　再贴现

6.中国人民银行

7.货币回笼

8.中央国库　地方国库

二、单项选择题

1.A　2.B　3.A　4.C　5.A　6.A　7.C　8.B

三、多项选择题

1.ABC　2.BCD　3.ABCD　4.ABC　5.ABCD

四、判断题

1.√

金融业活动受信用风险、市场风险等因素的影响，因此存在较大的风险。

2.×

中国人民银行作为国家的中央银行，是金融业的管理机构，具有监督管理金融市场、发行人民币的职责。

3.×

商业银行实行企业财务制度，争取更多的盈利。

4.√

央行是全国的金融行政管理机关，对全国的商业银行和其他金融机构以及全国的金融市场的设置、业务活动和经济情况进行检查监督、指导管理和控制。其监管的目的是维护金融业的稳定，调整各金融机构之间的关系，保证公共利益和银行存款用户的安全，贯彻执行国家的金融法规和政策，促进国民经济的健康发展，防止金融危机和不当金融活动对国民经济的危害。

5.×

抵押贷款是银行要求借款人提供一定的抵押品作为物资保证而发放的贷款。

6.×

金融业的经营活动与工商企业不同，它是一种有偿性转让资金的活动，是各种方式的资金借贷和证券买卖，具有有偿性特征。

7.√

银行在处理各项业务的同时，必须通过会计部门直接完成，银行会计核算的过程就是银行办理业务的过程。所以，银行会计核算和业务处理是同步进行的，具有统一性。

8.√

银行汇兑业务包括信汇和电汇两种方式。

实务训练提示

1.（1）借：库存现金　200 000
　　贷：吸收存款——单位活期存款（某装饰公司）　200 000
（2）借：吸收存款——单位活期存款（某装饰公司）　5 000
　　贷：库存现金　5 000
2.（1）借：吸收存款——单位活期存款（某装饰公司）　100 000
　　贷：吸收存款——单位定期存款（某装饰公司）　100 000
（2）借：吸收存款——单位定期存款（某装饰公司）　100 000
　　利息支出　8 000
　　贷：吸收存款——单位活期存款（某装饰公司）　108 000
3.（1）借：库存现金　3 000
　　贷：吸收存款——活期储蓄存款（李方）　3 000
（2）借：吸收存款——活期储蓄存款（李方）　500
　　贷：库存现金　500
（3）借：吸收存款——活期储蓄存款（李方）　2 500
　　利息支出　650
　　贷：库存现金　3 150
4.（1）借：库存现金　2 000
　　贷：吸收存款——定期储蓄存款（刘力）　2 000
（2）借：吸收存款——定期储蓄存款（刘力）　24 000
　　利息支出　1 200
　　贷：库存现金　25 200
5.（1）借：贷款——中长期贷款（大成公司）　300 000
　　贷：吸收存款——单位活期存款（大成公司）　300 000
（2）借：贷款——短期贷款（刘力）　5 000
　　贷：库存现金　5 000
（3）借：贷款——逾期贷款（刘力）　5 000
　　贷：贷款——短期贷款（刘力）　5 000
（4）借：吸收存款——单位活期存款（大成公司）　309 000

贷：贷款——中长期贷款（大成公司）　300 000
　　利息收入　8 490.57
　　应交税费——应交增值税（销项税额）　509.43

6.（1）借：贷款——抵押贷款（某公司）　200 000
　　贷：吸收存款——单位活期存款（某公司）　200 000

（2）借：吸收存款——单位活期存款（某公司）　204 000
　　贷：贷款——抵押贷款（某公司）　200 000
　　　　利息收入　3 773.58
　　　　应交税费——应交增值税（销项税额）　226.42

（3）借：贷款——逾期贷款（某公司）　200 000
　　贷：贷款——抵押贷款（某公司）　200 000

（4）借：库存现金　204 000
　　贷：贷款——逾期贷款（某公司）　200 000
　　　　利息收入　3 773.58
　　　　应交税费——应交增值税（销项税额）　226.42

7.贴现利息=200 000×3×6%=36 000（元）

贴现金额=200 000−36 000=164 000（元）

（1）借：贴现资产　200 000
　　贷：吸收存款——单位活期存款（某装饰公司）　164 000
　　　　利息收入　33 962.26
　　　　应交税费——应交增值税（销项税额）　2 037.74

（2）借：联行来账　200 000
　　贷：贴现资产　200 000

（3）借：吸收存款——单位活期存款（某装饰公司）　120 000
　　　　贷款——逾期贷款（某装饰公司）　80 000
　　贷：贴现资产　200 000

8.（1）借：吸收存款——单位活期存款（某客户）　50 000
　　贷：汇出汇款　50 000

（2）借：汇出汇款　50 000
　　贷：联行来账　40 000
　　　　吸收存款——单位活期存款（某客户）　10 000

9.（1）借：吸收存款——单位活期存款（乙公司）　800
　　贷：手续费收入　754.72
　　　　应交税费——应交增值税（销项税额）　45.28

（2）借：吸收存款——单位活期存款（乙公司）　80 000
　　贷：应解汇款——乙公司　80 000

（3）借：应解汇款——乙公司　80 000
　　贷：联行往账　80 000

（4）借：吸收存款——单位活期存款（乙公司）　50 000

借：贷款——逾期贷款（乙公司）　30 000
　　贷：应解汇款——乙公司　80 000

（5）借：应解汇款——乙公司　80 000
　　贷：联行往账　80 000

（6）甲公司开户行在汇票到期收到票款时：

借：联行来账　80 000
　贷：吸收存款——单位活期存款（甲公司）　80 000

10.（1）借：中国工商银行存款户　9 000 000
　　贷：中国工商银行缴来财政性存款　4 000 000
　　　　中国工商银行缴来一般性存款　5 000 000

（2）借：交通银行贷款　8 000 000
　　贷：交通银行存款　8 000 000

（3）再贴现利息=400 000×3.6‰×2=2 880（元）

再贴现金额=400 000−2 880=397 120（元）

借：再贴现　400 000
　贷：招商银行存款　397 120
　　　利息收入——金融机构利息收入　2 880

（4）借：库存现金　1 000 000
　　贷：发行基金往来　1 000 000

借：中国农业银行存款　1 000 000
　贷：库存现金　1 000 000

11.（1）发放贷款：

借：贷款——短期贷款（大华工厂）　300 000
　贷：吸收存款——单位活期存款（大华工厂）　300 000

（2）计算6月利息：

利息=300 000×7.5%÷12=1 875（元）

借：应收利息　1 875
　贷：利息收入　1 768.87
　　　应交税费——应交增值税（销项税额）　106.13

借：吸收存款——单位活期存款（大华工厂）　1 875
　贷：应收利息　1 875

（3）计算9月利息：

利息=1 875×3=5 625（元）

借：应收利息　5 625
　贷：利息收入　5 306.60
　　　应交税费——应交增值税（销项税额）　318.40

借：吸收存款——单位活期存款（大华工厂）　5 625
　贷：应收利息　5 625

（4）按期还款并支付最后两个月的利息：

利息=1 875×2=3 750（元）

借：吸收存款——单位活期存款（大华工厂）　303 750
　贷：贷款——短期贷款（大华工厂）　300 000
　　利息收入　3 537.74
　　应交税费——应交增值税（销项税额）　212.26

教材中典型案例解答

典型案例一

（1）借：贷款——抵押贷款（大华公司）　14 000 000
　　贷：吸收存款——单位活期存款（大华公司）　14 000 000

（2）借：吸收存款——单位活期存款（大华公司）　14 350 000
　　贷：贷款——抵押贷款（大华公司）　14 000 000
　　　利息收入　330 188.68
　　　应交税费——应交增值税（销项税额）　19 811.32

（3）假如公司未能及时还款，则银行要处理其抵押品抵还本息。

（4）处置固定资产收到现金15 000 000元，应作如下会计分录：

借：库存现金　15 000 000
　贷：贷款——抵押贷款（大华公司）　14 000 000
　　利息收入　330 188.68
　　应交税费——应交增值税（销项税额）　19 811.32
　　吸收存款——单位活期存款（大华公司）　650 000

（5）如果处置固定资产所得现金为12 000 000元，不足款项应由大华公司偿还，则银行应作如下会计分录：

借：库存现金　12 000 000
　吸收存款——单位活期存款（大华公司）　2 350 000
　贷：贷款——抵押贷款（大华公司）　14 000 000
　　利息收入　330 188.68
　　应交税费——应交增值税（销项税额）　19 811.32

典型案例二

（1）借：库存现金　10 000
　　贷：吸收存款——定期储蓄存款（王山）　10 000

（2）借：吸收存款——定期储蓄存款（王山）　10 000
　　　利息支出　810
　　贷：库存现金　10 810

应付利息=10 000×2.7%×3=810（元）

（3）提前支取：

① 提供个人身份证、未到期存单。

② 利息按活期储蓄利率计算。

③ 应付利息=10 000×（0.72%÷12）×22=132（元）

（4）过期支取：

① 有利息，按活期储蓄利率计算。

② 应付利息=10 000×（0.72%÷12）×1=6（元）

第六章

证券公司会计

学习目的和要求

学习本章的目的，是掌握证券公司主要业务的会计核算方法。因此，在学习过程中，要了解各种类型证券公司会计核算的特点，熟练掌握证券公司主要业务的会计核算方法，包括证券承销业务、证券经纪业务和证券自营业务等。

重点问题解析

证券公司是专门从事与证券有关的各种业务的证券经营机构，是证券市场的主要中介机构。按提供服务的内容不同，我国证券中介机构可以分为：证券经营机构、证券市场、证券投资咨询机构、证券结算登记机构和可从事证券相关业务的各类事务所等。我国将证券公司分为综合类证券公司和经纪类证券公司。本章阐述的证券公司会计以综合类证券公司的业务为例。

证券公司的业务特点主要有：

（1）经营的对象比较特殊。证券公司经营的对象主要是各种特殊的金融商品，即股票、债券、基金等有价证券，这类商品的流通性比较强，但价格波动比较大。

（2）经营的场所比较特殊。证券交易应在证券交易所内进行。我国目前主要有上海证券交易所、深圳证券交易所、北京证券交易所、香港交易所和台湾证券交易所。

（3）经营的方式比较特殊。证券公司的证券交易业务主要是以代理经营为主，有部分业务是自行经营，但代理业务的比重较大。

（4）经营的方法比较特殊。证券公司既可以场内交易，也可以场外交易。

（5）结算的方式比较特殊。证券公司为顺利买卖证券必须给证券交易所交存足够的结算资金（或称清算资金），每次交割清算款项也需通过证券交易所才能最终完成。

政府、金融机构、工商企业或公司发行的证券，按照证券种类的不同可以分为股票发行、债券发行和基金发行；按照投资人的不同可以分为公募发行和私募发行。不论是股票还是债券，都有两种承销方式：代销和包销。包销按照具体操作方式的不同又分为全额包销和余额包销。

不同类型证券的销售方法各不相同。股票的销售方法主要有：

（1）网上竞价与定价发行方式；

（2）法人配售发行方式；

（3）全额预交、比例配售方式。

国债的销售方式分为：

（1）场内挂牌分销；

（2）场外分销；

（3）银行销售。

关于证券承销业务的核算，现行《企业会计准则》要求直接通过“交易性金融资产”“其他债权投资”“其他权益工具投资”“投资收益”“公允价值变动损益”等账户核算。

全额包销的会计核算程序是：当证券公司以承购的价格买入证券时，应借记“交易性金融资产”“其他债权投资”“其他权益工具投资”等科目，贷记“银行存款”或“结算备付金——公司”科目；当支付各项发行费用时，借记“投资收益”或“其他债权投资”“其他权益工具投资”科目，贷记“银行存款”等科目；当证券售出时，应按实际收到的发行收入（如通过网上销售，需要减去上网费用），借记“银行存款”“结算备付金——公司”等科目，按已售证券的账面价值，贷记“交易性金融资产”“其他债权投资”“其他权益工具投资”等科目，按其差额，贷记“投资收益”科目。如果在承销期间，代理承销证券公允价值发生了变动，则应通过“公允价值变动损益”或“其他综合收益”科目来核算，并在承销证券销售的会计期间，根据销售比例将此前在“公允价值变动损益”或“其他综合收益”科目记录的金额结转到“投资收益”科目中；指定为以公允价值计量且其变动计入其他综合收益的金融资产的价值变动计入“其他综合收益”账户，并在其销售时结转留存收益账户，分别记入“盈余公积”和“未分配利润”账户中。

为核算证券承销业务，企业应设置“代理承销证券款”账户。对于承销的证券先在备查账户中登记，并于收到承销款时确认为代理承销证券款，然后与委托方进行结算。对于证券承销业务中取得的代理收入，可以通过“手续费及佣金收入”账户核算。

余额包销的会计核算程序是：

（1）发行证券时，柜台销售应于收到委托单位发行的证券、网上销售应于上网发行之日，按约定的发行价格，在备查簿中登记承销证券的情况。

（2）发行结束时，柜台销售应按实际发行的金额，借记“银行存款”科目，贷记“代理承销证券款”科目；网上销售应按实际发行的金额减去上网费用，借记“结算备付金——客户”科目，按代委托单位垫付的上网费用，借记“应收账款——应收代垫上网费”科目，按实际发行的金额，贷记“代理承销证券款”科目。

（3）对于发行结束后剩余的证券，无论是柜台销售还是网上销售，一般都应按发行的价格转为证券公司的自营证券，借记“交易性金融资产”等科目，贷记“代理承销证券款”科目。

（4）与委托单位清算证券款时，按应收取的手续费，借记“代理承销证券款”等科目，贷记“手续费及佣金收入”科目；按实际支付委托单位的款项，借记“代理承销证券款”科目，贷记“银行存款”科目，同时转销“应收账款——应收代垫上网费”科目。

证券自营业务，简单地讲，就是证券经营机构以自己的名义和资金买卖股票、债券和基金等各种有价证券的证券业务。证券公司可以按照自营证券的种类进行会计核算。自营证券的种类一般包括自营股票、自营债券和自营基金三种，因此，自营证券的会计核算内容应该包括自营股票业务、自营债券业务和自营基金业务三个部分，每部分自营证券又分别包括证券的买入业务、证券的卖出业务等，自营股票业务还包括新股认购业务和配股派息业务等。

自营证券的买入业务是指证券公司以自有资金购入股票、债券和基金的业务。为核算买入的自营证券，证券公司应设置“交易性金融资产”和“结算备付金——公司”科目。公司购入自营证券时，根据证券的购入成本，借记“交易性金融资产”科目，贷记“结算备付金——公司”“银行存款”等科目；证券公司采用余额包销或代销的方式将到期尚未发行的证券转为自营证券时，借记“交易性金融资产”科目，贷记“代理承销证券款”科目。

通过网上配股时，公司应在与证券交易所清算配股款时，按实际支付的配股款，借记“交易性金融资产——股票”等科目，贷记“结算备付金——公司”科目。通过网下配股时，公司应按实际支付的配股款，借记“交易性金融资产——股票”等科目，贷记“银行存款”科目。证券公司因持有股票而分得股票股利时，应于股权登记日根据本公司持有的股份数及送股比例，计算确定本公司分配的股票股利数量，并在“交易性金融资产——股票”等账户的“数量”栏内进行登记，不用编制会计分录；因持有股票或分期付息的债券而分得现金股利或利息时，应借记“结算备付金——公司”科目，贷记“投资收益”科目。

自营证券的卖出业务包括自营股票、债券等证券的未到期转让及债券的到期收回。证券公司销售自营证券时，应按实际收到的金额，借记“结算备付金——公司”或“银行存款”科目，按账面价值，贷记“交易性金融资产”等科目，按其差额，贷记“投资收益”科目。

证券经纪业务是指具有资格的证券公司接受投资人的委托，代理投资人在证券交易所买卖证券并收取佣金的证券业务。它是证券经营机构的一项主要业务。

代理买卖证券是指证券公司接受客户的委托，代客户买卖股票、债券和基金的业务。为核算代理买卖证券的业务，证券公司应设置“代理买卖证券款”“结算备付金——客户”“手续费及佣金收入”“手续费及佣金支出”等科目。

（1）收到客户交存的各种委托买卖证券款项时，借记“银行存款”科目，贷记“代理买卖证券款”科目。

（2）为代理业务而将款项存到证券交易所指定的结算中心时，借记“结算备付金——客户”科目，贷记“银行存款”科目。

（3）接到客户买卖证券的委托时，一般无需作会计分录，但买入证券时委托人需要有足够的资金作保证；卖出证券时委托人需要足额缴付证券。

（4）买入证券成交后，应按成交价加支付的过户费及支付证券商的手续费等，借记“代理买卖证券款”科目，贷记“结算备付金——客户”科目，以记录客户债权的减少；卖出证券成交后，应按成交价减支付的印花税、过户费及支付证券商的手续费等，借记

“结算备付金——客户”科目，贷记“代理买卖证券款”科目，以记录客户债权的增加；按代理业务中证券商自己负担的交易费，借记“手续费及佣金支出——代买卖证券手续费支出”科目，贷记“结算备付金——公司”科目；按代理业务中证券商应收取委托人的手续费，借记“代理买卖证券款”或“应收手续费及佣金”等科目，贷记“手续费及佣金收入——代买卖证券手续费收入”科目。

代理认购新股是指证券公司接受客户的委托，代客户认购新发行股票的业务。代理认购新股的核算通常也涉及“代理买卖证券款”“结算备付金”“手续费及佣金收入”等会计科目，其会计处理方法是：公司收到认股款时，借记“银行存款”科目，贷记“代理买卖证券款”科目；公司将认购款划转交易所时，借记“结算备付金——客户”科目，贷记“银行存款”科目；公司代客户申购、认股款被冻结时，借记“代理买卖证券款”科目，贷记“结算备付金——客户”科目；未中签认股款解冻时，借记“结算备付金——客户”科目，贷记“代理买卖证券款”科目；公司将未中签认股款划回公司账户时，借记“银行存款”科目，贷记“结算备付金——客户”科目；公司将未中签认股款退还给委托人时，借记“代理买卖证券款”科目，贷记“银行存款”科目。

代理配股派息是指证券公司接受客户的委托，代客户办理配股及分派股息的业务。自营证券配股派息应通过“交易性金融资产”“结算备付金——公司”等账户核算，而代理配股派息则通过“代理买卖证券款”“结算备付金——客户”“手续费及佣金收入”等账户核算。

代理兑付债券是指证券公司代理国家或企业兑付已到期债券的业务。为核算债券兑付业务，证券公司应设置“代兑付证券款”“代兑付债券”“手续费及佣金收入”等科目。

受托理财业务是指证券公司受客户委托，接受客户的资产并代其进行理财的业务。为核算受托理财业务，证券公司应设置“代理业务资产”“代理业务负债”“手续费及佣金收入”等科目。

代保管证券业务是指证券公司代理客户保管有价证券的业务。公司代保管证券的业务不需要单独设置表内科目核算。无论采取何种保管方式，均只在专设的备查簿中设置“代保管证券”这一表外科目，记录代保管证券的情况。

练习题

一、填空题

1. 根据《证券法》的规定，我国将证券公司分为________和________。

2. 证券公司往往单独设置“________”科目，专门用于核算它与证券交易所在自营和代理业务中发生的各种款项往来结算业务。

3. 为预防证券经营的特殊风险，还需提留一般风险准备金。一般风险准备金通常按照税后利润的________提存，达到注册资本的50%时，可不再提取。

4. 代销发行证券时，柜台销售应于收到委托证券、网上销售应于上网发行之日，按约定的发行价格，________。

5. 自营证券在证券公司被列为________时，以公允价值计量。

6. 证券公司可以按照自营证券的种类进行会计核算，自营证券的种类一般包括________、________和________三种。

7. 公司购入自营证券时，根据证券的购入成本，借记“________”科目，贷记“结算备付金——公司”“银行存款”等科目。

8. 证券公司因持有股票或分期付息的债券而分得现金股利或利息时，应借记“结算备付金——公司”科目，贷记“________”科目。

9. 证券公司通过网下认购新股，申购成功时，应按新股成本，借记“________”科目，贷记“________”科目；申购失败时，应按退回的款项，借记“结算备付金”科目，贷记“应收账款——应收认购新股占用款”科目。

10. 证券公司销售自营证券时，应按实际收到的金额，借记“________”或“________”科目，按账面价值，贷记“交易性金融资产”等科目，按其差额，贷记“投资收益”科目。

二、单项选择题

1. 证券公司核算在证券经营和管理过程中发生的各项经营费用，主要通过（ ）科目核算。

A. “管理费用” B. “经营费用”
C. “财务费用” D. “业务及管理费用”

2. 承销证券的公司必须获得证券承销的资格，这一资格是由中国证监会审核批准的，对于通过审核的证券公司，由中国证监会颁发《经营股票承销业务资格证书》，该资格证书的有效期为（ ）。

A. 3个月 B. 12个月 C. 6个月 D. 9个月

3. 证券发行的方式中，发行过程较复杂，发行费用较高，但流通性较强，发行金额一般也较大的是（ ）。

A. 公开发行 B. 内部发行 C. 私募发行 D. 区域发行

4. 对于证券发售的基本方法，发行公司有权选择。股本在4亿元以上的公司，可以采用（ ）。

A. 网上发售方式
B. 全额预缴、比例配售方式
C. 法人配售方式
D. 网上发售和法人配售相结合的方式

5. 当企业收到理财资金时，应按实收金额，借记“结算备付金”等科目，贷记（ ）科目。

A. “代理业务负债” B. “代理业务资产”
C. “交易性金融负债” D. “交易性金融资产”

6. 自营证券不论是场内交易还是场外交易，流动性都比较强，可以随时变现，证券公司既可以投机，又可以保证其资金的流动性，自营证券在证券公司往往被列为（ ）。

A. 交易性金融资产
B. 交易性金融负债

C. 以公允价值计量且其变动计入其他综合收益的金融资产

D. 贷款和应收款项

7. 在承销过程中，如果发行人与承销人签订证券承销合同，由承销人按照一定价格买下全部证券，然后按稍高的价格向社会公众出售，并按合同规定时间将价款一次性付给发行人，则这种方式属于（　　）。

A. 包销　　B. 全额包销　　C. 余额包销　　D. 代销

8. 证券公司设置的"代理承销证券款"科目属于（　　）。

A. 资产类科目　　B. 负债类科目　　C. 损益类科目　　D. 权益类科目

9. 根据现行企业会计准则的规定，企业购入的股票、债券属于以公允价值计量且其变动计入当期损益的金融资产，如果通过网上购入，且买价中包含着交易费用，则该交易费用应计入（　　）。

A. 购入证券成本　　B. 投资收益　　C. 管理费用　　D. 利息调整

10. 如果证券公司持有自营性质的交易性金融资产，则期末该交易性金融资产应（　　）。

A. 以公允价值计量，并将当期公允价值变动记入"其他综合收益"科目

B. 以公允价值计量，并将当期公允价值变动记入"资本公积"科目

C. 以公允价值计量，并将当期公允价值变动记入"公允价值变动损益"科目

D. 以公允价值计量，并将当期公允价值变动记入"投资收益"科目

三、多项选择题

1. 我国证券公司可以开展的资金运用业务主要包括（　　）。

A. 资金拆借　　B. 证券抵押贷款

C. 证券回购业务　　D. 证券质押业务

2. 证券承销的方式主要有（　　）。

A. 代销　　B. 全额包销　　C. 差额包销　　D. 余额包销

3. 自营证券会计核算的内容包括（　　）。

A. 代理证券买卖业务　　B. 自营股票业务

C. 自营债券业务　　D. 自营基金业务

4. 甲公司于1月1日通过证券交易所购入M公司债券，2月末将其销售。这批债券的买价为50 000元，1月末的市场价值为51 000元，2月末的市场价值为52 000元。下列关于此项交易的会计处理中，正确的有（　　）。

A. 借：交易性金融资产——成本　　50 000
　　贷：结算备付金——公司　　50 000

B. 借：交易性金融资产——公允价值变动　　1 000
　　贷：公允价值变动损益　　1 000

C. 借：结算备付金——公司　　52 000
　　贷：交易性金融资产——成本　　50 000
　　　　　　　　——公允价值变动　　1 000
　　　　投资收益　　1 000

D. 借：公允价值变动损益　　1 000

贷：投资收益　　1 000

5.根据《证券法》的规定，我国将证券公司分为（　　）。

A.综合类证券公司　　B.经纪类证券公司

C.证券投资咨询机构　　D.证券结算登记机构

四、判断题

1. 代保管证券业务是指证券公司代理客户保管有价证券的业务。公司代保管证券的业务需要单独设置表内科目核算。（　　）

2. 当认购新股中签、申购成功时，公司应按中签新股的实际成本，借记“交易性金融资产”科目，贷记“应收账款——应收认购新股占用款”科目；当申购失败、退回申购款时，公司应借记“结算备付金——公司”科目，贷记“应收账款——应收认购新股占用款”科目。（　　）

3. 因持有股票或分期付息的债券而分得现金股利或利息时，应借记“结算备付金——公司”科目，贷记“应收股利”或“应收利息”科目。（　　）

4. 证券公司买入证券中所含的应收股息和应收利息与一般企业一样，不用单独核算，可以直接计入交易性金融资产的购入成本。（　　）

5. 在全额包销过程中，证券发行人和承销人之间不是一种简单的代理关系，而是一种买卖关系。（　　）

6. 证券公司承销的证券一律通过“代理承销证券款”账户核算。（　　）

7. 自营证券业务是指证券公司以自有资金买卖股票、债券和基金等证券从而获取利润的证券业务。（　　）

8. 证券包销按照具体操作方式的不同又可分为代销、全额包销和余额包销。（　　）

9. 证券公司的承销业务可以通过柜台销售，也可以在证券交易所通过网上销售，两种销售方式在会计核算上的主要差别在于对发行费用的处理不同。（　　）

10. 受托理财业务是指证券公司受客户委托，接受客户的资产并代其进行理财，同时分享部分理财收益的业务。（　　）

实务训练

1.甲企业为证券公司，2023年1月1日从二级市场上支付价款1 020 000元（含已到付息期但尚未领取的利息20 000元）购入债券作为自营证券，在购买过程中发生交易费用20 000元。该债券的面值为1 000 000元，剩余期限为2年，票面年利率为4%，每半年付息一次，企业将其确定为以公允价值计量且其变动计入当期损益的金融资产。其他相关资料如下：

（1）2023年1月5日，收到该债券2022年下半年的利息20 000元；

（2）2023年6月30日，该债券的公允价值为1 150 000元（不含利息）；

（3）2023年7月5日，收到该债券2023年上半年的利息；

（4）2023年12月31日，该债券的公允价值为1 100 000元（不含利息）；

（5）2024年1月5日，收到该债券2023年下半年的利息；

（6）2024年3月31日，甲企业将该债券出售，取得价款1 180 000元（含一季度利息10 000元）。

要求：根据上述资料，编制相关的会计分录。

2.乙证券公司于2023年1月13日从上海证券交易所账户支付价款1 016万元（含交易费用1万元和已宣告但未发放的现金股利15万元），购买股票200万股，指定为以公允价值计量且其变动计入其他综合收益的金融资产入账。其他相关资料如下：

（1）2023年1月25日，收到现金股利15万元；

（2）2023年6月30日，该股票的市价为每股5.2元；

（3）2023年12月31日，该股票的市价为每股4.8元；

（4）2024年1月26日，宣告发放现金股利，乙公司应收40万元；

（5）2024年2月5日，收到现金股利；

（6）2024年3月19日，将该股票以每股4.9元的价格全部出售。

要求：根据上述资料，编制相关的会计分录。

3.大华证券公司接受委托，采用全额包销方式代理韩中公司发行股票2 000万股，每股的承销价格为6元，每股的发行价格为10元。承销期结束，根据协议，承销1 500万股，支付各种费用50万元，将未售出的股票500万股作为自营证券。

要求：根据上述资料，编制相关的会计分录。

4.甲证券公司接受乙公司委托，代其以余额包销的方式通过网上发行记名股票1 000万股，约定的发行价格为3元/股，手续费率为发行额的0.4%。发行期结束时，有10万股尚未出售，甲公司转为自营证券，发行期内甲公司代乙公司垫付上网费50 000元。双方结算时，甲公司扣除手续费和代垫上网费后，其余款项以银行存款支付给乙公司。

要求：根据上述资料，编制相关的会计分录。

5.胜利证券公司本月通过证券公司网上系统申购M公司股票30万股，发行价为2元/股，认股款已划到证券交易所账户中并被冻结，数日后中签15万股，其余款项解冻。

要求：根据上述资料，编制相关的会计分录。

6.甲证券公司本月发生如下几笔与代理买卖证券有关的业务：

（1）收到乙公司交来的代理买卖证券款50 000元，次日存入证券交易所；

（2）代乙公司买进某公司A股100 000元，收取手续费3 500元（按3.5%收取）；

（3）代丙公司销售某公司B股100 000元，代扣代缴印花税50元（按0.05%收取），收取手续费4 300元（按4.3%收取）；

（4）支付证券交易所手续费500元。

要求：根据上述资料，编制相关的会计分录。

练习题参考答案

一、填空题

1.综合类证券公司　经纪类证券公司

2.结算备付金

3. 10%

4. 在备查簿中登记承销证券的情况

5. 交易性金融资产

6. 自营股票　自营债券　自营基金

7. 交易性金融资产

8. 投资收益

9. 交易性金融资产　应收账款——应收认购新股占用款

10. 结算备付金　银行存款

二、单项选择题

1.D　2.B　3.A　4.D　5.A　6.A　7.B　8.B　9.B　10.C

三、多项选择题

1.ABC　2.ABD　3.BCD　4.ABCD　5.AB

四、判断题

1.×

公司代保管证券只是证券公司的一项服务，无需进行会计核算。

2.√

符合现行企业会计准则对此项业务会计核算的规定。

3.×

根据现行企业会计准则的规定，证券公司收到现金股利或利息时，应借记“结算备付金——公司”科目，贷记“投资收益”科目。

4.×

证券公司买入证券中所含的应收股息和应收利息与一般企业一样，都应单独核算，不可以计入交易性金融资产的购入成本。

5.√

在全额包销过程中，承销机构将证券低价买进，然后高价卖出，从而赚取中间差价，所以，证券发行人和承销人之间是一种买卖关系。

6.×

“代理承销证券款”账户用于核算证券公司采用余额包销或代销的方式代理发行证券时所收到的应付委托人的承销资金。

7.√

符合现行企业会计准则对此项业务的定义。

8.×

证券包销主要分为全额包销和余额包销两种方式。

9.√

通过柜台销售时，发行费用可以直接通过“投资收益”账户核算；通过网上销售时，由于证券公司使用证券交易所的交易系统，所以需向证券交易所支付网上发行费用，因此，发行费用一般由证券交易所在发行结束后与证券公司交割清算时，直接从发行收入中扣除。

10.√

受托理财是证券公司开展的一项以营利为目的的代理业务。

实务训练提示

1.（1）2023年1月1日，购入债券时：

分录	借方	贷方
借：交易性金融资产——成本	1 000 000	
应收利息	20 000	
投资收益	20 000	
贷：银行存款		1 040 000

（2）2023年1月5日，收到该债券2022年下半年利息：

分录	借方	贷方
借：银行存款	20 000	
贷：应收利息		20 000

（3）2023年6月30日，确认债券公允价值变动和投资收益：

分录	借方	贷方
借：交易性金融资产——公允价值变动	150 000	
贷：公允价值变动损益		150 000
借：应收利息	20 000	
贷：投资收益		20 000

（4）2023年7月5日，收到该债券2023年上半年利息：

分录	借方	贷方
借：银行存款	20 000	
贷：应收利息		20 000

（5）2023年12月31日，确认债券公允价值变动和投资收益：

分录	借方	贷方
借：公允价值变动损益	50 000	
贷：交易性金融资产——公允价值变动		50 000
借：应收利息	20 000	
贷：投资收益		20 000

（6）2024年1月5日，收到该债券2023年下半年利息：

分录	借方	贷方
借：银行存款	20 000	
贷：应收利息		20 000

（7）2024年3月31日，该公司将债券予以出售时：

分录	借方	贷方
借：银行存款	1 180 000	
公允价值变动损益	100 000	
贷：交易性金融资产——公允价值变动		100 000
——成本		1 000 000
投资收益		180 000

2.（1）

分录	借方	贷方
借：其他权益工具投资——成本	10 010 000	
应收股利	150 000	
贷：结算备付金		10 160 000

（2）

分录	借方	贷方
借：结算备付金	150 000	
贷：应收股利		150 000

（3）借：其他权益工具投资——公允价值变动 400 000
贷：其他综合收益 400 000

（4）借：其他综合收益 800 000
贷：其他权益工具投资——公允价值变动 800 000

（5）借：应收股利 400 000
贷：投资收益 400 000

（6）借：结算备付金 400 000
贷：应收股利 400 000

（7）借：结算备付金 9 800 000
其他权益工具投资——公允价值变动 400 000
盈余公积 21 000
未分配利润 189 000
贷：其他债权投资——成本 10 010 000
其他综合收益 400 000

3.（1）全额包销时：
借：交易性金融资产 120 000 000
贷：银行存款 120 000 000

（2）支付发行费用时：
借：投资收益 500 000
贷：银行存款 500 000

（3）发行结束确认收入时：
借：银行存款 150 000 000
贷：交易性金融资产 90 000 000
投资收益 60 000 000

4. 网上发行日，甲公司在备查簿中登记代理承销股票，无需编制会计分录。

网上发行结束，收到交易所发行股票款 2 965 万元（990×3-5）时：
借：结算备付金——客户 29 650 000
应收账款——应收代垫上网费（乙公司） 50 000
贷：代理承销证券款——乙公司（股票） 29 700 000

发行款划回银行存款账户时：
借：银行存款 29 650 000
贷：结算备付金——客户 29 650 000

尚未发行的 10 万股转为自营证券时：
借：交易性金融资产——股票 300 000
贷：代理承销证券款——乙公司（股票） 300 000

与乙公司清算股票款时：
借：代理承销证券款——乙公司（股票） 30 000 000
贷：应收账款——应收代垫上网费（乙公司） 50 000
手续费及佣金收入 120 000

贷：银行存款　29 830 000

5.将认股款划转到证券交易所账户时：

借：结算备付金——公司　600 000

贷：银行存款　600 000

申购股票资金被冻结时：

借：应收账款——应收认购新股占用款　600 000

贷：结算备付金——公司　600 000

申购中签时：

借：交易性金融资产——股票（M公司）　300 000

贷：应收账款——应收认购新股占用款　300 000

未中签认股款解冻时：

借：结算备付金——公司　300 000

贷：应收账款——应收认购新股占用款　300 000

6.（1）收到乙公司存款时：

借：银行存款　50 000

贷：代理买卖证券款——乙公司　50 000

将款项交存证券交易所时：

借：结算备付金——客户　50 000

贷：银行存款　50 000

（2）代乙公司购入证券时：

借：代理买卖证券款——乙公司　100 000

贷：结算备付金——客户　100 000

借：代理买卖证券款——乙公司　3 500

贷：手续费及佣金收入——代买卖证券手续费收入　3 500

借：结算备付金——公司　3 500

贷：结算备付金——客户　3 500

（3）代丙公司销售证券时：

借：结算备付金——客户　99 950

贷：代理买卖证券款——丙公司　99 950

借：代理买卖证券款——丙公司　4 300

贷：手续费及佣金收入——代买卖证券手续费收入　4 300

借：结算备付金——公司　4 300

贷：结算备付金——客户　4 300

（4）划转公司承担的交易费时：

借：手续费及佣金支出——代买卖证券手续费支出　500

贷：结算备付金——公司　500

教材中典型案例解答

典型案例一

(1) 借：应收股利 150 000
　　交易性金融资产——成本 10 000 000
　　投资收益 10 000
　贷：银行存款 10 160 000

(2) 借：银行存款 150 000
　贷：应收股利 150 000

(3) 借：交易性金融资产——公允价值变动 400 000
　贷：公允价值变动损益 400 000

(4) 借：公允价值变动损益 400 000
　贷：交易性金融资产——公允价值变动 400 000

(5) 借：应收股利 200 000
　贷：投资收益 200 000

(6) 借：银行存款 200 000
　贷：应收股利 200 000

(7) 借：银行存款 9 800 000
　　投资收益 200 000
　贷：交易性金融资产——成本 10 000 000

典型案例二

(1) 上网发行日，甲公司在备查簿中登记代理承销股票，无需编制会计分录。

①发行结束，收到发行款时：

借：结算备付金——客户 79 200 000
　贷：代理承销证券款——乙公司（股票） 79 200 000

②剩余20万股转为自营证券时：

借：交易性金融资产——股票 800 000
　贷：代理承销证券款——乙公司（股票） 800 000

③与乙公司清算股票款时：

借：代理承销证券款——乙公司（股票） 80 000 000
　贷：手续费及佣金收入 640 000
　　银行存款 79 360 000

(2) 收到客户交来的代理买卖证券款时：

借：结算备付金——客户 10 000 000
　贷：代理买卖证券款 10 000 000

(3) 代购证券时：

借：代理买卖证券款 80 000 000

贷：结算备付金——客户　80 000 000

借：代理买卖证券款　2 800 000

贷：手续费及佣金收入　2 800 000

借：结算备付金——公司　2 800 000

贷：结算备付金——客户　2 800 000

（4）代售证券时：

借：结算备付金——客户　49 750 000

贷：代理买卖证券款　49 750 000

借：代理买卖证券款　1 750 000

贷：手续费及佣金收入　1 750 000

借：结算备付金——公司　1 750 000

贷：结算备付金——客户　1 750 000

（5）划转公司承担的交易费时：

借：手续费及佣金支出　340 000

贷：结算备付金——公司　340 000

典型案例三

2023年度HT证券股份有限公司各项收入占总收入的百分比计算表，见表6-1。

表6-1　HT证券股份有限公司各项收入占总收入的百分比计算表

项目	计算过程	百分比
手续费及佣金收入	6 786 595 230.61÷8 851 670 566.07×100%	76.67%
利息净收入	1 055 858 571.92÷8 851 670 566.07×100%	11.93%
投资收益	1 263 817 753.05÷8 851 670 566.07×100%	14.28%
公允价值变动收益	-274 176 557.81÷8 851 670 566.07×100%	-3.10%
汇兑收益	-191 472.80÷8 851 670 566.07×100%	0*
其他业务收入	19 767 041.10÷8 851 670 566.07×100%	0.22%
合计	—	100%

*计算结果为0.002%，约等于0。

通过表6-1可以看出，HT证券股份有限公司2023年度的收入主要来源于手续费及佣金收入，包括代理买卖证券业务净收入、证券承销业务净收入和资产管理业务净收入，占76.67%，其次是投资收益和利息净收入，这三项共占102.88%，说明HT证券股份有限公司的收入基本来源于其主要经营业务，非常令人满意。

2023年度HT证券股份有限公司利润情况分析表，见表6-2。

表6-2 **HT证券股份有限公司利润情况分析表**

项目	计算过程	百分比
营业利润率	5 309 711 700.10÷8 851 670 566.07×100%	59.99%
净利率	4 318 004 829.19÷8 851 670 566.07×100%	48.78%
净利润/综合收益的比率	4 318 004 829.19÷5 671 103 584.69×100%	76.14%
其他综合收益/综合收益的比率	1 353 098 755.50÷5 671 103 584.69×100%	23.86%

通过表6-2可以看出，HT证券股份有限公司2023年度的营业利润率为59.99%，净利率为48.78%，业绩非常可观。另外，净利润/综合收益的比率为76.14%，说明利润主要来自营业活动，未实现利得只占23.86%，结果也比较令人满意。

第七章 

保险公司会计

学习目的和要求

学习本章的目的，是理解和掌握保险企业特殊业务的会计核算方法。在学习本章时，要了解保险公司会计作为一种主要适用于保险企业的专业会计与其他企业会计的不同之处，重点在于掌握财产保险和人寿保险两种企业会计在确认保费收入、保险理赔的处理以及保险合同分保形成再保险所涉及的分保收入、分保支出业务，保险资金运用业务等方面的特殊性。

重点问题解析

学习本章时要重点掌握以下四个问题：

一是保险企业会计核算所具有的特殊核算特点；

二是财产保险企业和人寿保险企业在保费收入、赔付支出方面的业务处理；

三是保险企业分保形成再保险业务所涉及的分保收入、分保支出的业务处理；

四是保险企业的保险资金再运用问题。

学习保险企业会计，首先要明确保险企业与其他行业在会计上的区别。保险是指投保人根据保险合同的规定，向保险人支付保费，保险人对于合同中约定的可能发生的事故因其出险所造成的财产损失承担赔偿保险金责任或当投保人死亡、伤残和达到合同约定的年龄、期限时承担给付保险金责任的商业行为。

保险有很多分类方法，根据保险标的的不同，可分为财产保险和人身保险；根据保险人承保的方式不同，可分为原保险和再保险；根据经营目的的不同，可分为商业保险和社会保险；根据保险的实施方式不同，可分为自愿保险和强制保险；根据保险保障的对象不同，可分为个人保险和团体保险等。保险公司能直接创造利润的业务主要有以下两项：一是保险的经营业务；二是保险资金的运用业务。保险公司业务的特点主要是经营产品的无形性、风险性和资金营运的重要性。

与一般行业相比，保险公司的流动资产具有存货少、存出准备金大等特点。保险公司经营的产品是无形的，所以其存货的比例必然很小。保险公司的经营风险较大，为此，再保险业务比较普遍，而再保险公司在经营中会形成大量的存出准备金，这部分准备金属于流动资产。根据我国《保险法》的规定，保险公司应提存资本保证金，存放在中国银保监会规定的银行，存出资本保证金属于非流动资产。

学习财产保险和人寿保险的保费收入和赔付支出核算时，要注意掌握这两个险种的特点以及保费收入、赔付支出的核算方法。

财产保险是指根据保险合同的约定，投保人向保险人交付保费，保险人对所承保的财产及其相关利益因自然灾害或意外事故造成的损失承担赔偿责任的保险。保费收入的会计处理方法是：在收取保费时，暂时全额确认为保费收入；会计期末，通过提取未到期责任准备金的方式，将本期未实现的保费收入调整为负债。为核算保费收入，企业可以设置“保费收入”“应收保费”“预收保费”“保户储金”等账户。财产保险理赔是指在财产保险标的出险时，保险人根据保险合同的规定，对被保险人履行经济补偿义务所进行的工作。为核算赔款支出，保险公司应该设置“赔付支出”“预付赔付款”“应付赔付款”等账户。财产保险准备金是保险公司为履行其承担的保险责任或者备付未来的赔款，从所收取的保费中提存的资金准备，各种准备金在期末根据其用途不同分别形成流动负债和非流动负债。财产保险准备金一般包括未决赔款准备金和未到期责任准备金。

人身保险是以人的生命和身体为保险标的的保险，一旦被保险人遭受人身伤亡、疾病或生存至保险期满，由保险公司向被保险人或其受益人给付保险金。根据我国《保险法》的规定，人身保险按其保障的范围一般分为人寿保险、健康保险和人身意外伤害保险，并由人寿保险公司承保。与财产保险业务相比，人身保险业务的会计核算主要有以下几个特点：人身保险的保费收入和保险金的给付一般按照收付实现制的原则记账，人身保险保单在实际收到保险费以后生效。趸交保费在交费时一次性记入“保费收入”账户。人寿保险的未到期责任准备金一般按有效保单的全部净值提取，而财产保险一般按当年自留保费的50%提取未到期责任准备金。另外，寿险和长期健康险责任准备金的精算及核算方法不完全相同，在会计上一般分开核算。人寿保险中途退保时，应通过“退保金”账户核算，计算方法也不同于财产保险。非人寿保险退保时，与财产保险业务基本相同，通过“保费收入”账户核算。由于人寿保险经营的特殊性，使得人寿保险公司的利润表不能代表某年保险公司真实的损益，人寿保险公司在年终决算时，都需计算“三差损益”[死差益（损）、利差益（损）和费差益（损）]，以便确认当年真实的经营成果。人身保险责任准备金是根据人身保险合同，为支付将来的保险给付而设置的准备金，主要包括：寿险责任准备金、长期健康险责任准备金、未到期责任准备金和未决赔款准备金。与财产保险一样，人身保险准备金也是人寿保险公司的一项主要负债。

再保险又称分保，是指保险公司将其承担的保险业务，以承保的形式，部分转移给其他保险人。在再保险关系中，原保险人因转移风险和责任而应向再保险人支付一部分保费，这种保费称为分保保费；而原保险人因承揽原保险业务将花费一定的开支，因而再保险人应向原保险人支付一定的分保手续费，又称分保佣金。再保险业务同时涉及分保分出人的核算和分保接受人的核算，在会计核算上各有特点。分保分出人作为分出责任、分散风险的一方，主要涉及分出保费、摊回分保赔款、摊回分保费用、扣存和转回分保准备金等业务；分保分入人作为接受风险、分摊风险的一方，主要涉及分保费用收入、分保赔款支出、分保费用支出、存出分保准备金等业务。再保险公司是按业务年度结算损益的，在非结算损益的业务年度，将再保险合同的收支差额全部作为长期责任准备金提存。再保险公司每年结算的损益应该是业务年度已经到期的再保险业务。

保险资金的运用是指保险公司为提高偿付能力、增强竞争实力，在保险业务的经营中，将不断积聚的各种保险资金进行有利的投资，使其不断保值和增值以及进行有效融资的各项活动，是保险公司的重要经营业务。根据我国《保险法》的规定，我国保险公司的资金运用业务主要有以下几个方面：有价证券投资业务、同行业资金拆借业务、证券回购业务、贷款业务。

练习题

一、填空题

1. 保险业务根据保险标的的不同，可分为________和________。

2. 保险资金的运用业务主要包括保险资金的________、________、________、________。

3. 保险准备金是保险公司为履行未来赔偿或给付责任而专门计提的特殊负债，主要包括________、________、________、________。

4. 财产保险遵循的原则是________原则和________原则。

5. 财产保险的保费收入一般于________时确认，而人身保险的保费收入一般于________时确认。

6. 理赔的程序一般包括以下几个步骤：第一步，________；第二步，________；第三步，________；第四步，________。

7. 未决赔款准备金是指保险公司在会计期末为本期已发生但尚未结案的赔案所提存的一种资金准备，一般包括以下三种情况：________、________、________。

8. 根据我国《保险法》的规定，人身保险按其保障的范围一般分为________、________和________，并由人寿保险公司承保。

9. 人寿保险通常不具有________，其特点主要是定额给付保险金。

10. 人寿保险中途退保时，应通过________账户核算。

11. 人寿保险的保费是由两部分组成的，即________和________。

12. 在再保险关系中，原保险人分给再保险人的保费称为________。

13. 保险金给付业务主要包括________、________、________等。

14. 我国《保险法》规定，对人身意外伤害保险和短期健康保险需要提取________、________两种保险责任准备金。

15. 按照保险责任分配形式的不同，可将再保险分为________、________。

二、单项选择题

1. 财产保险的保险费大小是由（　　）决定的。

A. 保险金额和保险期限

B. 保险费率和保险金额

C. 保险人和投保人双方协商

D. 保险金额、保险费率和保险期限

2.财产保险的未到期责任准备金按当年自留保费的（　　）提存。

A.20%　　B.30%　　C.40%　　D.50%

3.某企业因长期停产，要求退保财产险，经计算，应退保费5 200元，保险公司扣除该企业尚欠的应交保费2 000元，余额以银行存款支付。其会计分录为（　　）。

A.借：保险费收入　　5 200
　贷：应收账款　　2 000
　　银行存款　　3 200

B.借：业务及管理费用　　5 200
　贷：应收保费　　2 000
　　银行存款　　3 200

C.借：保费收入　　5 200
　贷：应收保费　　2 000
　　银行存款　　3 200

D.借：保费收入　　5 200
　贷：应收保费　　2 000
　　库存现金　　3 200

4.保险资金运用的基本原则是（　　）。

A.流动性原则　　B.安全性原则　　C.合法性原则　　D.收益性原则

5.人寿保险业务的退保业务在会计上通过（　　）账户核算。

A.“退保金”　　B.“退保费”　　C.“保费收入”　　D.“退保款”

6.分保接受人在分保业务取得利润的情况下，按照双方的约定分给原保险人的报酬，一般称为（　　）。

A.纯益手续费　　B.准备金　　C.分保支出　　D.分保费用

7.下列有关比例赔偿方式的说法中，正确的是（　　）。

A. 运用这种方式在定值保险和不定值保险合同中计算赔款时有所不同

B. 在不定值保险中，比例赔偿方式是指赔款数额按受损财产的损失程度计算

C. 在定值保险中，比例赔偿方式是指赔款数额按保障程度计算

D. 以上说法都正确

8.在险位超赔分保方式下，分出公司自留额为300万元，分入公司接受600万元的分入责任。现某一危险单位发生赔款990万元，则分出公司和分入公司的赔款数额分别为（　　）。

A.300万元、690万元　　B.330万元、660万元

C.360万元、630万元　　D.390万元、600万元

9.成数再保险的保费准备金扣存比例通常为（　　）。

A.30%　　B.40%　　C.45%　　D.60%

三、多项选择题

1.下列有关普通财产保险的表述中，正确的有（　　）。

A. 普通财产保险的保险标的是存放于固定地点且处于静止状态的各种财产

B. 普通财产保险的保险标的是存放于不固定地点但处于静止状态的各种财产

C. 普通财产保险的保险责任是火灾及其他灾害事故

D. 普通财产保险的保险责任是火灾及地震

2.保险资金的运用业务主要包括保险资金的（　　）。

A.有价证券投资业务　　B.贷款业务

C.同行业资金拆借业务　　D.证券回购业务

3.与财产保险相比，人身保险具有的特点有（　　）。

A. 定额给付保险金

B. 期限一般较长

C. 具有储蓄性质

D. 不存在超额投保、重复保险和代位求偿权的问题

4.人身保险责任准备金主要包括（　　）。

A.寿险责任准备金　　B.长期健康险责任准备金

C.未到期责任准备金　　D.未决赔款准备金

5.保险公司的利益来源主要包括（　　）。

A.死差益（损）　　B.利差益（损）

C.费差益（损）　　D.税差益（损）

6.未决赔款准备金的计算方法有（　　）。

A.按月计算　　B.平均估算

C.逐案估算　　D.按已发生的赔案计算

7.再保险按保险责任分配的形式，可分为（　　）。

A.比例分保　　B.非比例分保　　C.临时分保　　D.合同分保

8.未决赔款准备金主要包括（　　）。

A. 已发生已报案未决赔案准备金　　B. 已发生未报案未决赔案准备金

C. 理赔费用准备金　　D. 未到期责任准备金

9.再保险业务设置的账户包括（　　）。

A. “保费收入”　　B. “分保费收入”

C. “赔付支出”　　D. “分保赔付支出”

10.财产保险设置的责任准备金主要包括（　　）。

A.寿险责任准备金　　B.长期健康险责任准备金

C.未到期责任准备金　　D.未决赔款准备金

四、判断题

1.财产保险业务中的“两全保险”和寿险业务中的“两全保险”具有完全不同的性质。（　　）

2.财产保险保户中途退保时，保险公司按已保期限的长短计算退保费，并将所退保费

作为“业务及管理费用”入账。（ ）

3. 保险公司取得的追偿款收入均归保险公司所有。（ ）

4. 当财产保险标的资产出险时，保险公司应按该资产的全部损失金额予以赔偿。（ ）

5. 保险公司处理“损余物资”所得，一般作为营业外收入处理。（ ）

6. 未决赔款准备金是指针对索赔案件已经处理完毕，赔偿款已经明确但尚未支付案件计提的准备金。（ ）

7. 寿险业务是长期性业务，因此，它实行三年或五年期核算损益。（ ）

8. 寿险业务损益的核算是按照收付实现制原则进行的。（ ）

9. 寿险业务发生的退保金，借记“保费收入”科目。（ ）

10. 未到期责任准备金主要是指保险期限在一年以内、尚未终止责任的短期保险提存的责任准备金。（ ）

11. 再保险按照责任分配形式的不同，可以分为两类，即比例分保和非比例分保。（ ）

12. 事故超额分保是以一次巨灾事故中多数危险单位的积累责任为基础计算赔款额的非比例分保形式。（ ）

13. 分保账单是再保险业务会计核算的重要原始凭证。（ ）

14. 分出保费是分保分出公司根据分保业务计算的应向分保接受人收取的费用。（ ）

15. “存入保证金”科目是负债类科目，用于核算分保分出人按规定扣存分保接受人分保费形成的准备金。（ ）

实务训练

1. 资料：平安财产保险公司2023年7月份发生下列经济业务：

（1）业务部门交来家财险保费日报表和保费收据存根以及现金50 000元，该业务在保单生效时收到全部保费。

（2）收到业务部门交来的某企业货运险保费日报表和保费收据存根以及银行收账通知，共计1 000 000元，尚未生效。

（3）10日，上述货运险业务保险责任开始生效。

（4）某厂投保企业财产险，保费120 000元，约定1个月后缴付。

（5）公司收到上述财产险保费120 000元。

（6）公司某车险出险赔偿后，偿付支出80 000元，出卖损余物资收入10 000元。

（7）某厂投保企财险半年后，因特殊情况退保，应退5 000元，但该厂尚有应收保费2 000元。

要求：根据上述资料，编制有关会计分录。

2. 资料：

（1）某财产保险公司期末计提未决赔款准备金，对已决赔付案按初步认定的赔款1 000 000元计提；对已发生未报告的赔案按当年实际赔款支出12 000 000元的6%计提。

在计提之前，未决赔款准备金贷方余额为1 000 000元。

（2）某财产保险公司第1年自留保费收入为10 000 000元，采用年平均估计法按全年自留保费的60%计提未到期责任准备金。第2年经该公司精算部门计算，应提存的未到期责任准备金为4 000 000元，在计提之前，未到期责任准备金余额为7 000 000元。

要求：根据上述资料，编制相关业务会计分录。

3.资料：某寿险公司2023年12月份发生下列经济业务：

（1）收到某保户交来的终身寿险保费20 000元，存入银行。

（2）某保户投保健康保险，保费为10 000元，约定分两次交付。投保时交纳5 000元，2个月后交纳剩余的5 000元。

（3）某单位为其职工3 000人投保终身寿险，保险金额为50 000元，按规定每人每年交纳保费10元，合计30 000元。经特别约定分两次交清，投保时支付60%，2个月后支付40%。

（4）收到某单位预交团体养老保险保费的转账支票8 000元。

（5）交费期已到，将上述预交保费转作保费收入。

（6）某保险保户因经济困难而要求退保，经业务部门审查，同意支付退保金5 000元，另外该保户尚有预交3个月的保费300元。会计部门核对有关单证后，以现金付讫。

要求：根据上述资料，编制有关会计分录。

4.资料：某人寿保险公司2023年12月31日提存寿险责任准备金160 000元，提存长期健康险责任准备金450 000元，提存未到期责任准备金560 000元，提存未决赔款准备金800 000元。

要求：根据上述资料，编制有关会计分录。

5.资料：甲保险公司将其火险合同的20%进行分保，分保接受人为乙保险公司。2023年年末甲保险公司编制火险分保账单，见表7-1。

表7-1　**分保账单**　单位：万元

借方		贷方	
项目	金额	项目	金额
摊回分保手续费	750	分出保费	3 000
摊回分保赔款	1 500	保费准备金返还	960
保费准备金扣存	1 200	赔款准备金返还	480
赔款准备金扣存	540	准备金利息	72
摊回税款及杂费	276		
应付我方金额	4 266	应付你方金额	4 512

要求：根据上述分保账单，分别编制甲保险公司和乙保险公司分出、分入火险的会计分录。

练习题参考答案

一、填空题

1. 财产保险　人身保险
2. 有价证券投资业务　贷款业务　同行业资金拆借业务　证券回购业务
3. 未决赔款准备金　未到期责任准备金　寿险责任准备金　长期健康险责任准备金
4. 损失补偿　重复保险分摊
5. 签订保单　收到保费
6. 受理案件　现场勘察　责任审核　核定损失
7. 已发生已报案未决赔案准备金　已发生未报案未决赔案准备金　理赔费用准备金
8. 人寿保险　健康保险　人身意外伤害保险
9. 价值补偿性
10. “退保金”
11. 纯保险费　附加保费
12. 分保保费
13. 满期给付业务　死伤医疗给付业务　年金给付业务
14. 未决赔款准备金　未到期责任准备金
15. 比例分保　非比例分保

二、单项选择题

1.D　2.D　3.C　4.B　5.A　6.A　7.A　8.D　9.B

三、多项选择题

1.AC　2.ABCD　3.ABC　4.ABCD　5.ABC　6.BC　7.AB　8.ABC　9.AC　10.CD

四、判断题

1.√

财产保险业务中的“两全保险”具有补偿性质；寿险业务中的“两全保险”具有给付性质。

2.×

财产保险保户中途退保时，应冲减当期的“保费收入”。

3.×

一般而言，财产保险中取得的追偿款收入归保险公司所有。

4.×

当足额保险的财产险标的资产出险时，保险公司才能按该资产的全部损失予以赔偿。

5.×

保险公司处理“损余物资”所得，一般冲减“理赔支出”账户。

6.×

未决赔款准备金是指保险人在会计期末为本期已发生但尚未结案的所有赔案所提存的准备金。

7.×

寿险业务虽然业务期限较长，但仍然按年结算损益。

8.×

寿险业务损益的核算是首次缴费时按收付实现制原则核算，以后按权责发生制原则核算。

9.×

人寿保险业务发生的退保金，借记“退保金”科目。

10.√

未到期责任准备金主要是指财产保险、人身意外伤害保险和短期健康险提存的责任准备金。

11.√

比例分保和非比例分保是我国再保险最流行的分类方式。

12.×

事故超赔分保是以一次事故所造成的赔款总和为基础计算自留责任额或起赔额，它不受险位的限制，但通常也有最高赔付额的规定。

13.√

分保账单是分保分出人和分保分入人在核算再保险业务时使用的原始凭证。

14.×

分出保费也称分保费，是指分保分出人从原保费中分给分保接受人的保费。

15.√

根据现行企业会计准则，分保分出人应设置“存入保证金”账户，用于核算其按规定扣存分保接受人分保费形成的准备金。

实务训练提示

1.有关会计分录如下：

（1）借：库存现金　　50 000

　　贷：保费收入　　50 000

（2）收到保费时：

借：银行存款　　1 000 000

　贷：预收保费　　1 000 000

（3）保险公司承担保险责任时：

借：预收保费　　1 000 000

　贷：保费收入　　1 000 000

（4）借：应收保费　　120 000

　　贷：保费收入　　120 000

（5）借：银行存款　　120 000

　　贷：应收保费　　120 000

（6）借：赔付支出　　80 000

贷：库存现金 80 000

借：损余物资 10 000

贷：赔付支出 10 000

（7）借：保费收入 5 000

贷：应收保费 2 000

银行存款 3 000

2. 有关会计分录如下：

（1）提取未决赔款准备金时：

借：提取未决赔款准备金 720 000

贷：未决赔款准备金 720 000

结转“提取未决赔款准备金”账户时：

借：本年利润 720 000

贷：提取未决赔款准备金 720 000

（2）第1年提取未到期责任准备金时：

借：提取未到期责任准备金 6 000 000

贷：未到期责任准备金 6 000 000

第2年提取未到期责任准备金时：

借：未到期责任准备金 3 000 000

贷：提取未到期责任准备金 3 000 000

3. 有关会计分录如下：

（1）借：银行存款 20 000

贷：保费收入 20 000

（2）第1次收到保费时：

借：银行存款 5 000

贷：保费收入 5 000

余下保费在收到时作同样处理。

（3）投保时：

借：银行存款 18 000

贷：保费收入 18 000

2个月后收到剩余保费时：

借：银行存款 12 000

贷：保费收入 12 000

（4）借：银行存款 8 000

贷：预收保费 8 000

（5）借：预收保费 8 000

贷：保费收入 8 000

（6）借：退保金 5 000

预收保费 300

贷：库存现金 5 300

4.有关会计分录如下：

借：提取寿险责任准备金　160 000

　贷：寿险责任准备金　160 000

借：提取长期健康险责任准备金　450 000

　贷：长期健康险责任准备金　450 000

借：提取未到期责任准备金　560 000

　贷：未到期责任准备金　560 000

借：提取未决赔款准备金　800 000

　贷：未决赔款准备金　800 000

5.有关会计分录如下：

（1）根据分保账单贷方：

借：分出保费　30 000 000

　　存入保证金　14 400 000

　　利息支出　720 000

　贷：应付分保账款　45 120 000

（2）根据分保账单借方：

借：应收分保账款　42 660 000

　贷：摊回赔付支出　15 000 000

　　　摊回分保费用　10 260 000

　　　存入保证金　17 400 000

教材中典型案例解答

典型案例一

（1）借：银行存款　7 200

　　　贷：保费收入　7 200

（2）借：赔付支出　3 600 000

　　　贷：银行存款　3 600 000

（3）分出保费=7 200×260÷360=5 200（元）

借：分出保费　5 200

　贷：应付分保账款　5 200

（4）摊回分保费用=5 200×25%=1 300（元）

借：应收分保账款　1 300

　贷：摊回分保费用　1 300

（5）借：应收分保账款　2 600 000

　　　贷：摊回赔付支出　2 600 000

典型案例二

（1）M公司第1季度各月份分保费收入的会计处理如下：

借：应收分保账款　6 800 000
　贷：保费收入　6 800 000
借：应收分保账款　7 300 000
　贷：保费收入　7 300 000
借：应收分保账款　6 000 000
　贷：保费收入　6 000 000

（2）M公司第1季度各月份分保费用的会计处理如下：

借：分保费用（6 800 000×35%）　2 380 000
　贷：应付分保账款　2 380 000
借：分保费用　2 555 000
　贷：应付分保账款　2 555 000
借：分保费用　2 100 000
　贷：应付分保账款　2 100 000

（3）5月末分保费用的调整如下：

分保收入的调整=2 100-（680+730+600）=90（万元）

分保手续费的调整=735-（238+255.5+210）=31.5（万元）

借：应收分保账款　900 000
　贷：保费收入　900 000
借：分保费用　315 000
　贷：应付分保账款　315 000

典型案例三

（1）原保险合同收入：

2023年度为27 596 200万元；2022年度为26 565 600万元。

（2）再保险合同收入：

2023年度为800万元；2022年度为0。

（3）当年实际赚取的保费：

2023年度为27 507 700万元；2022年度为26 517 700万元。

（4）再保险中分出的保费：

2023年度为15 800万元；2022年度为15 600万元。

（5）原保险计提的未到期责任准备金净额：

2023年度为73 500万元；2022年度为32 300万元。

（6）原保险计提的责任准备金：

2023年度为15 453 100万元；2022年度为13 500 500万元。

（7）再保险业务分摊的责任准备金：

2023年度为1 400万元；2022年度为4 400万元。

（8）原保险理赔支出及再保险摊赔额：

2023年度原保险理赔支出5 930 800万元、再保险摊赔额10 700万元；

2022年度原保险理赔支出7 158 100万元、再保险摊赔额7 700万元。

(9) 原保险业务及管理费及其摊回金额:

2023年度原保险业务及管理费1 866 800万元、摊回金额1 700万元;

2022年度原保险业务及管理费1 691 100万元、摊回金额13 000万元。

(10) 营业收入、营业支出及营业利润:

2023年度营业收入34 172 300万元、营业支出30 010 500万元、营业利润4 161 800万元;

2022年度营业收入31 277 800万元、营业支出29 294 900万元、营业利润1 982 900万元。

第八章 

物流企业会计

学习目的和要求

学习本章的目的是掌握物流企业特殊业务的会计核算方法，包括物流企业的运输业务、仓储业务、装卸业务和配送业务。因此，要求学生在学习本章时，首先要了解物流企业各类业务的特点，其次要理解物流行业与其他行业不同的特殊业务的核算方法，尤其是成本核算的具体方法，进而掌握对这些特殊业务进行会计处理的技能。

重点问题解析

本章的重点问题包括：物流企业会计核算的特点；物流企业运输业务收入和成本的核算；物流企业仓储、装卸和配送业务收入和成本的核算。其中物流企业各业务的成本核算是核心的难点问题。

物流企业各业务的成本核算主要包括运输业务、仓储业务、装卸业务和配送业务等的成本核算。首先，要进行直接费用的归集，包括直接材料、直接人工、其他直接费用的归集；其次，要进行营运间接费用的归集和分配，月末将营运间接费用按一定标准在各成本核算对象之间进行分配，计入各成本计算对象的成本；月末，根据各成本核算对象的工作量，计算总成本和单位成本。

练习题

一、填空题

1. 根据物流企业业务类型，物流企业的业务主要包括________、________、________和________四大类。

2. 物流企业的运输业务按照运输工具的不同，分为________、________、________、________和管道运输五种。

3. ________是指承运人与托运人双方订立的运输合同或运输合同证明，其明确规定了货物承运期间双方的权利和责任。

4. 汽车运输的成本项目包括________、________、________和________。

5. 物流企业在每单（次）运输任务完成后应将运单转交财务部门，财务部门收到确认完成运输业务的单据，据以确认收入，借记________账户，贷记________账户。

6. 在物流业务中，________承担了改变货物空间状态的重任，而________则承担了改变货物时间状态的重任。

7. 财务部门对营运部门转来的“配送作业月结单”进行审核，审核无误后据以确认配送收入，借记________账户，贷记________账户。

二、单项选择题

1.（　　）是物流企业经营活动的中心环节。

A. 运输业务　B. 仓储业务　C. 装卸业务　D. 配送业务

2. 我国全面实施“营改增”之后，物流企业的（　　）应归属于交通运输业，按照9%税率征收增值税。

A. 仓储业务　B. 运输业务　C. 配送业务　D. 装卸业务

3. 物流企业的车辆一般采用（　　）计提折旧。

A. 直线法　B. 工作量法

C. 双倍余额递减法　D. 年数总和法

4. 物流企业运输工具由修理车间进行的保修（主要是大修理）所发生的费用，通过（　　）账户进行归集和分配。

A. “主营业务成本”　B. “管理费用”

C. “辅助营运费用”　D. “营运间接费用”

5. 物流企业配送业务各环节的营运间接费用，应借记（　　）账户，贷记“应付职工薪酬”“原材料”“累计折旧”“银行存款”等相关账户。

A. “主营业务成本”　B. “管理费用”

C. “辅助营运费用”　D. “营运间接费用——配送营运部”

三、多项选择题

1. 下列各项中，属于物流企业运输业务直接材料成本项目的有（　　）。

A. 燃料　B. 保养修理费　C. 轮胎　D. 养路费

2. 下列各项收入中，属于物流企业其他业务收入的项目有（　　）。

A. 原材料销售收入　B. 包装物租金收入

C. 固定资产租金收入　D. 无形资产使用费收入

3. 物流企业仓储成本项目包括堆存直接费用和营运间接费用两项，下列各项中，属于堆存直接费用的有（　　）。

A. 从事仓储作业人员的工资　B. 因仓储、保管货物所消耗的各种材料

C. 各种仓库耗用的照明费　D. 仓储设备按规定计提的折旧费用

4. 物流企业仓储业务的功能包括（　　）。

A. 储存功能　B. 整合功能　C. 分类功能　D. 交叉站台功能

5. 装卸业务生产经营的特点包括（　　）。

A. 附属性、伴生性　　B. 支持性

C. 保障性　　D. 衔接性

6. 下列各项目中，属于装卸成本中装卸直接费用的是（　　）。

A. 装卸机械领用的外胎　　B. 保养修理费

C. 事故损失　　D. 营运间接费用

四、判断题

1. 营运间接费用是指车队、车站、车场等基层营运单位为组织与管理营运过程所发生的、应由各类成本负担的各种间接费用。（　　）

2. 对于有固定车辆的司机和助手的工资，直接计入各自成本计算对象的成本。对于没有固定车辆的司机和助手的工资以及后备司机和助手的工资，则需按一定标准分配计入各成本计算对象的成本。（　　）

3. 企业缴纳的车辆养路费可以根据缴款凭证直接计入各自成本计算对象的成本及有关费用。（　　）

4. 物流企业的营运间接费用是指所属基层营运单位（车队、车站、车场）为组织与管理营运过程所发生的不能直接计入成本计算对象的各种间接费用。间接费用月末按一定标准在各成本计算对象之间进行分配，计入各成本计算对象的成本，分配标准只有直接费用。（　　）

5. 物流企业仓储业务的营运间接费用应按营运部或分公司设置明细分类账进行归集，期末按营运部或分公司的堆存直接费用的比例进行分配。（　　）

实务训练

1. 大连顺风物流公司对燃料耗用数采用盘存制计算，外胎、内胎、垫带均采用一次摊销法核算。该公司2023年8月份发生下列经济业务：

（1）8月31日，仓库转来“燃料领用汇总表”，见表8-1。

表8-1　燃料领用汇总表

2023年8月

数量单位：升

金额单位：元

项目 领用部门	月初库存数量	本月领用数量	月末库存数量	本月耗用数量	加权平均单价	月耗用金额
一车队	3 000	20 000	2 000	21 000	6.00	126 000
二车队	1 000	15 000	6 000	10 000	6.00	60 000
修理车间	—	500	—	500	6.00	3 000
汽运分公司	100	1 000	300	800	6.00	4 800
行政部门	300	1 000	200	1 100	6.00	6 600
合计	4 400	37 500	8 500	33 400	—	200 400

（2）8月31日，仓库转来“轮胎领用汇总表”，见表8-2。

表8-2　轮胎领用汇总表

数量单位：个

2023年8月　金额单位：元

项目 领用部门	外胎			内胎			垫带		
	数量	单价	金额	数量	单价	金额	数量	单价	金额
一车队	8	900	7 200	18	100	1 800	15	20	300
二车队	5	900	4 500	10	100	1 000	15	20	300
汽运分公司	2	900	1 800	5	100	500	5	20	100
行政部门	—		—	2	100	200	2	20	40
合计	15	900	13 500	35	100	3 500	37	20	740

（3）有关部门本月份发生的工资为：一车队70 000元，二车队50 000元，修理车间12 000元，汽运分公司25 000元，行政部门35 000元，后备司机和助手9 000元。本月一车队运营货物1 000千吨公里，二车队运营货物500千吨公里。

（4）公司计提折旧时，对营运车辆采用工作量法，对其他固定资产采用年限平均法。本月各部门固定资产折旧额为：一车队20 000元，二车队18 000元，修理车间8 000元，汽运分公司5 000元，行政部门8 000元。

（5）8月31日，签发转账支票缴纳本月份养路费6 500元，其中：一车队4 000元，二车队2 500元。

（6）本月领用随车工具、篷布绳索、司机和助手的劳动保护用品所发生的费用为：一车队2 800元，二车队2 400元。

（7）以现金支付的高速公路费、洗车费等费用为：一车队3 200元，二车队2 100元。

（8）按各部门耗用的修理工时分配本月营运间接费用。各部门实际耗用工时为：一车队200小时，二车队160小时，汽运分公司10小时，行政部门30小时，共计400小时。

（9）按本月营运车日为标准分配营运间接费用。

要求：

（1）根据业务（1）至（9）编制该企业运输业务会计分录。

（2）计算2023年8月份该公司一车队和二车队汽车运输总成本和单位成本。

2.大连顺风物流公司有普通仓库和立体仓库各一座，普通仓库的货物堆存量为400千吨天，立体仓库的货物堆存量为800千吨天。

2023年8月份发生下列经济业务：

（1）两座仓库发生的直接费用见表8-3。

表8-3　**堆存直接费用发生情况表**

2023年8月　　单位：元

项目	对方科目	本月实际发生数		
		普通仓库	立体仓库	合计
直接人工费用	应付职工薪酬	20 000	56 000	76 000
材料费	原材料	10 000	16 000	26 000
折旧费	累计折旧	80 000	160 000	240 000
动力及照明费	银行存款	4 000	6 000	10 000
修理费	银行存款	12 000	20 000	32 000
劳动保护费	银行存款	8 000	12 000	20 000
保险费	银行存款	4 400	7 600	12 000
其他费用	银行存款	4 000	14 000	18 000
合计		142 400	291 600	434 000

（2）两座仓库共发生营运间接费用173 600元，按直接费用比例分配营运间接费用。

要求：

（1）根据业务（1）和业务（2），编制会计分录。

（2）计算普通仓库和立体仓库堆存总成本和单位堆存成本。

3. 大连顺风物流公司装卸营运部有两个装卸队，已知装卸一队装卸作业量为100千吨，装卸二队装卸作业量为200千吨，2023年8月份发生下列经济业务：

（1）本月发生的直接费用见表8-4：

表8-4　**装卸直接费用发生情况表**

2023年8月　　单位：元

项目	对方科目	本月实际发生数		
		装卸一队	装卸二队	合计
直接人工费用	应付职工薪酬	180 000	320 000	500 000
材料——燃料费	原材料	3 000	12 000	15 000
材料——轮胎	原材料	4 000	16 000	20 000
折旧费	累计折旧	60 000	160 000	220 000
修理费	银行存款	10 600	4 000	14 600
劳动保护费	银行存款	8 000	12 000	20 000
保险费	银行存款	2 400	3 600	6 000
其他费用	银行存款	5 200	52 000	57 200
合计		273 200	579 600	852 800

（2）两个装卸队共发生营运间接费用166 720元，按照直接费用比例进行分配。

要求：

（1）根据业务（1）和业务（2），编制会计分录。

（2）计算各装卸队总成本和单位成本。

练习题参考答案

一、填空题

1. 运输业务　仓储业务　装卸业务　配送业务
2. 公路汽车运输　水路船舶运输　铁路机车车辆运输　航空飞机运输
3. 托运单
4. 直接材料　直接人工　其他直接费用　营运间接费用
5. “应收账款”　“主营业务收入”
6. 运输业务　仓储业务
7. “应收账款”　“主营业务收入——配送收入”

二、单项选择题

1.A　2.B　3.B　4.C　5.D

三、多项选择题

1.AC　2.ABCD　3.ABCD　4.ABCD　5.ABCD　6.ABC

四、判断题

1.√

营运间接费用是指车队、车站、车场等基层营运单位为组织与管理营运过程所发生的、应由各类成本负担的各种间接费用，如工资、劳动保护费、取暖费、水电费、办公费、差旅费、保险费、设计制图费等。

2.√

物流企业直接人工费用主要包括直接从事运输业务的司机和助手的工资等。对于有固定车辆的司机和助手的工资，直接计入各自成本计算对象的成本。对于没有固定车辆的司机和助手的工资以及后备司机和助手的工资，则需按一定标准（一般为运营货物吨位或车辆的运营车日）分配计入各成本计算对象的成本。

3.√

物流企业向公路管理部门缴纳的车辆养路费，营运车辆按吨位数计算缴纳，公务车按辆计收。企业缴纳的车辆养路费可以根据缴款凭证直接计入各自成本计算对象的成本及有关费用。

4.×

物流企业的营运间接费用是指所属基层营运单位（车队、车站、车场）为组织与管理营运过程所发生的不能直接计入成本计算对象的各种间接费用。发生的营运间接费用在“营运间接费用”账户归集，月末按一定标准在各成本计算对象之间进行分配，计入各成本计算对象的成本。分配标准主要有直接费用和营运车日等。

5.√

物流企业仓储业务的营运间接费用应按营运部或分公司设置明细分类账进行归集，期末按营运部或分公司的堆存直接费用的比例进行分配。其计算公式如下：

分配率=某营运部或分公司营运间接费用÷该营运部或分公司所属各仓库堆存直接费用合计

某仓库应负担的营运间接费用=该仓库堆存直接费用×分配率

实务训练提示

1.业务（1）—（9）相关会计分录如下：

（1）借：主营业务成本——一车队（燃料） 126 000
　　　　　　　　　——二车队（燃料） 60 000
　　　辅助营运费用 3 000
　　　营运间接费用——汽运分公司 4 800
　　　管理费用 6 600
　　贷：原材料——燃料 200 400

（2）借：主营业务成本——一车队（轮胎） 9 300
　　　　　　　　　——二车队（轮胎） 5 800
　　　营运间接费用——汽运分公司 2 400
　　　管理费用 240
　　贷：原材料——轮胎 17 740

（3）工资费用分配率=9 000÷（1 000+500）=6（元/千吨公里）

一车队应分配的工资费用=1 000×6=6 000（元）

二车队应分配的工资费用=500×6=3 000（元）

一车队直接人工费用合计=70 000+6 000=76 000（元）

二车队直接人工费用合计=50 000+3 000=53 000（元）

借：主营业务成本——一车队（人工费） 76 000
　　　　　　　——二车队（人工费） 53 000
　辅助营运费用 12 000
　营运间接费用——汽运分公司 25 000
　管理费用 35 000
贷：应付职工薪酬 201 000

（4）借：主营业务成本——一车队（其他直接费用） 20 000
　　　　　　　　　——二车队（其他直接费用） 18 000
　　　辅助营运费用 8 000
　　　营运间接费用——汽运分公司 5 000
　　　管理费用 8 000
　　贷：累计折旧 59 000

（5）借：主营业务成本——一车队（其他直接费用） 4 000
　　　　　　　　　——二车队（其他直接费用） 2 500

贷：银行存款　6 500

（6）借：主营业务成本——一车队（其他直接费用）　2 800

——二车队（其他直接费用）　2 400

贷：低值易耗品　5 200

（7）借：主营业务成本——一车队（其他直接费用）　3 200

——二车队（其他直接费用）　2 100

贷：库存现金　5 300

（8）辅助营运费用合计=3 000+12 000+8 000=23 000（元）

辅助营运费用分配率=23 000÷400=57.5（元/小时）

辅助营运费用分配表见表8-5。

表8-5　辅助营运费用分配表

领用部门＼项目	分配率	工时	金额（元）
一车队	57.5	200	11 500
二车队	57.5	160	9 200
汽运分公司	57.5	10	575
行政部门	57.5	30	1 725
合计	—	400	23 000

借：主营业务成本——一车队（辅助营运费用）　11 500

——二车队（辅助营运费用）　9 200

营运间接费用——汽运分公司　575

管理费用　1 725

贷：辅助营运费用　23 000

（9）营运间接费用合计=4 800+2 400+25 000+5 000+575=37 775（元）

营运间接费用分配率=37 775÷（1 000+500）=25.183（元/千吨公里）

营运间接费用分配表见表8-6。

表8-6　营运间接费用分配表

领用部门＼项目	分配率	营运车日	金额（元）
一车队	25.183	1 000	25 183
二车队	25.183	500	12 592
合计	—	1 500	37 775

借：主营业务成本——一车队（营运间接费用）　25 183

——二车队（营运间接费用）　12 592

贷：营运间接费用　37 775

计算各车队总成本和单位成本：

一车队运输总成本=126 000+9 300+76 000+20 000+4 000+2 800+3 200+11 500+25 183=277 983（元）

一车队运输单位成本=277 983÷1 000=277.983（元/千吨公里）

二车队运输总成本=60 000+5 800+53 000+18 000+2 500+2 400+2 100+9 200+12 592=165 592（元）

二车队运输单位成本=165 592÷500=331.184（元/千吨公里）

2.（1）业务（1）会计分录：

借：主营业务成本——堆存支出（普通仓库） 142 400

——堆存支出（立体仓库） 291 600

贷：应付职工薪酬 76 000

原材料 26 000

累计折旧 240 000

银行存款 92 000

业务（2）会计分录：

营运间接费用分配率=173 600÷（142 400+291 600）=0.4

普通仓库分摊的营运间接费用=142 400×0.4=56 960（元）

立体仓库分摊的营运间接费用=291 600×0.4=116 640（元）

根据营运间接费用分配结果编制会计分录：

借：主营业务成本——堆存支出（普通仓库） 56 960

——堆存支出（立体仓库） 116 640

贷：营运间接费用——堆存营运部 173 600

（2）普通仓库堆存总成本=142 400+56 960=199 360（元）

普通仓库单位堆存成本=199 360÷400=498.4（元/千吨天）

立体仓库堆存总成本=291 600+116 640=408 240（元）

立体仓库单位堆存成本=408 240÷800=510.3（元/千吨天）

3.（1）业务（1）会计分录：

借：主营业务成本——装卸支出（装卸一队） 273 200

——装卸支出（装卸二队） 579 600

贷：应付职工薪酬 500 000

原材料——燃料 15 000

——轮胎 20 000

累计折旧 220 000

银行存款 97 800

业务（2）会计分录：

营运间接费用分配率=166 720÷（273 200+ 579 600）=0.1955

装卸一队分摊的营运间接费用=273 200×0.1955=53 410.60（元）

装卸二队分摊的营运间接费用=166 720−53 410.60=113 309.40（元）

根据营运间接费用分配结果编制会计分录：

借：主营业务成本——装卸支出（装卸一队） 53 410.60

——装卸支出（装卸二队） 113 309.40

贷：营运间接费用——装卸营运部 166 720

（2）装卸一队总成本=273 200+53 410.60=326 610.60（元）
装卸一队单位成本=326 610.60÷100=3 266.11（元/千吨）
装卸二队总成本=579 600+113 309.40=692 909.40（元）
装卸二队单位成本=692 909.40÷200=3 464.55（元/千吨）

教材中典型案例解答

典型案例一

（1）按照营运货物千吨公里分配后备司机和助手工资费用：
工资费用分配率=4 600÷（960+880）=2.5（元/千吨公里）
第一车队分配的后备司机和助手工资费用=2.5×960=2 400（元）
第二车队分配的后备司机和助手工资费用=2.5×880=2 200（元）
第一车队当期主营业务成本=50 200+2 400=52 600（元）
第二车队当期主营业务成本=47 800+2 200=50 000（元）

分录	借方	贷方
（2）借：主营业务成本——第一车队（工资）	52 600	
——第二车队（工资）	50 000	
辅助营运费用	9 600	
营运间接费用——汽车运输公司	7 200	
管理费用	11 000	
贷：应付职工薪酬——工资		130 400

典型案例二

分录	借方	贷方
（1）借：主营业务成本——堆存支出（简易仓库——工资）	24 000	
——堆存支出（立体仓库——工资）	42 000	
贷：应付职工薪酬——工资		66 000
（2）借：主营业务成本——堆存支出（简易仓库——其他人工费用）	7 080	
——堆存支出（立体仓库——其他人工费用）	12 390	
贷：应付职工薪酬——工会经费		1 320
——住房公积金		7 920
——社会保险费		10 230
（3）借：主营业务成本——堆存支出（简易仓库——折旧费）	39 470	
——堆存支出（立体仓库——折旧费）	76 100	
贷：累计折旧		115 570

（4）分配率=31 976÷（102 000+181 000）=0.1130
简易仓库应负担的营运间接费用=102 000×0.1130=11 526（元）
立体仓库应负担的营运间接费用=31 976−11 526=20 450（元）

分录	借方	贷方
借：主营业务成本——堆存支出（简易仓库——营运间接费用）	11 526	
——堆存支出（立体仓库——营运间接费用）	20 450	
贷：营运间接费用——仓储装卸营运部		31 976

（5）简易仓库堆存总成本=24 000+7 080+39 470+11 526=82 076（元）

立体仓库堆存总成本=42 000+12 390+76 100+20 450=150 940（元）

简易仓库单位堆存成本=82 076÷263=312.08（元）

立体仓库单位堆存成本=150 940÷452=333.94（元）

第九章 

旅游餐饮服务企业会计

学习目的和要求

学习本章的目的，是掌握旅游、餐饮和服务企业特殊业务的会计核算方法。因此，要求学员在学习本章时，首先要了解旅游、餐饮和服务企业会计核算的特点；其次，要理解这些行业与其他行业不同的特殊业务的核算方法，进而掌握对这些特殊业务进行会计处理的技能。

重点问题解析

本章的重点问题有三个：一是旅游、餐饮和服务企业的会计核算特点；二是旅游、餐饮和服务企业经营收入的核算；三是旅游、餐饮和服务企业税务会计的核算。

了解旅游、餐饮和服务企业会计核算的特点时，要注意掌握它与经营特点之间的内在联系。首先，旅游、餐饮和服务企业的会计核算具有核算对象的多样性，这是因为旅游餐饮服务企业经营业务的开展往往具有系统性和配套性（例如旅游业除了组团旅游外，有条件的旅行社同时还经营客房、餐饮、售货、娱乐及其他业务；饮食业除了经营餐饮业务外，还开展娱乐、售货及其他业务；服务业也可同时经营文化娱乐、体育健身、美容美发、桑拿洗浴、照相、修理等多种业务)。其次，餐饮业的成本核算具有特殊性，是因为餐饮业要根据消费者的要求加工烹调菜肴和食品，并将这些菜肴和食品直接出售给消费者，同时还要为消费者提供消费设施、场所和服务。但其整个生产、销售和服务过程均集中在较短的时间内完成，而且菜肴和食品的花色品种多、数量零星，因此不可能像工业企业那样按产品品种或类别逐批逐件地计算其总成本和单位成本，而只能计算菜肴和食品的总成本。

学习旅游、餐饮和服务企业经营收入的核算时，要注意分别掌握旅游业、餐饮业和服务业各自经营收入的核算内容及核算方法。

旅游业的营业收入核算内容是旅行社按照规定的旅游服务收费标准，在一定时期内提供各种劳务的全部收入。其具体包括：综合服务收入、组团外联收入、零星服务收入、劳务收入、票务收入、地游及加项收入和其他服务收入。由于组团业务与接团业务内容不尽相同，因而其具体的营业收入核算方法也不完全相同。组团社在收费方式上通常采用包价形式，与旅游者一次结算费用。国外旅游机构申请入境旅游一般在旅游者入境前15天，通过中国银行将旅游包价费用汇到组团社。在组织国外旅游团结束旅游后，根据旅游团的实际来华人数及实际旅游项目等，编制“结算账单”送交财务部门入账，同时把“结算账单”的有关联寄给国外旅游机构，通过中国银行退还余款或补收欠款；而接团社的营业收入是由组团社按拨款标准及规定，拨付的综合服务费、城市间交通费和加项服务费、全程陪同费等。拨付的款项对组团社来说是营业成本的一部分，对接团社来说则是营业收入。

餐饮业营业收入核算内容的关键是饮食制品的定价和销售的结算方式。由于饮食制品的花色品种繁多，且原材料价格多变，因而如何定价是饮食制品核算的一个重要问题。目前常用的定价方法有销售毛利法和成本毛利法两种。计算公式为：

某种饮食制品的售价=该种饮食制品的原材料成本÷（1-销售毛利率）

=该种饮食制品的原材料成本×（1+成本毛利率）

为便于核算和管理，在实际工作中销售毛利率与成本毛利率可以相互转换，换算公式为：

成本毛利率=销售毛利率÷（1-销售毛利率）×100%

或：

销售毛利率=成本毛利率÷（1+成本毛利率）×100%

餐饮企业销售结算方式有先就餐后结算、一手钱一手货和先存款后就餐三种。在第一种和第二种结算方式下，收款员每天编制“主营业务收入日报表”，连同收到的现金、支票和签单报送给财务部门，财务部门据此借记“库存现金”（收现部分）、“银行存款”（支票部分）、“应收账款”（赊欠部分）等账户，贷记“主营业务收入”账户。在第三种结算方式下，磁卡存款处每日编制“库存现金收支日报表”，连同所收的现金报送财务部门，财务部门据此登记“库存现金”“银行存款”“主营业务收入”“其他应收款”等账户。

服务业的经营业务收入虽然较为繁杂，但核算的方法除旅馆业有些特殊外，其他服务业的营业收入的核算方法大体相同。宾馆出于经营的需要，会根据具体情况给客人以不同的优惠。如在不同的季节实行不同的价格，对在宾馆举行的大型会议、定点的旅游团体等客人，都会给予不同程度的优惠，甚至免费。因此，客房营业收入的入账时间应为客房实际出租时间，即按权责发生制的原则进行核算。其入账价格应以实际出租价格为准。一般情况下，客人入住时，办完登记手续后，要根据预计住宿的时间先预交一定的押金，客人退房时，再到总服务台办理结算，多退少补。每日营业终了，财务部对总服务台送交的报表、发票及款项审核无误后，据以入账。记账时，应按预收的押金，借记“库存现金”或“银行存款”账户，贷记“合同负债”账户；按当日应收的客房租金（即已实现的营业收入）借记“应收账款”账户，贷记“主营业务收入”账户；同时，还应冲减结账客人预交的押金，借记“合同负债”账户，贷记“应收账款”账户。

其他服务业在管理上虽然有先收款后服务和先服务后收款两种方式，但不论哪种收款方式，财务部门都应于每日营业终了时，根据业务部门报送的“主营业务收入日报表”登记“库存现金”或“银行存款”和“主营业务收入”账户。

本章的难点问题是餐饮企业成本的核算。饮食制品成本的核算有“领料制”核算法和“以存计耗”核算法两种。学习时要注意掌握两种方法的区别。

“领料制”核算法又称“正算法”。在采用领料制核算成本时，所有发出的原材料均需填制领料单，并据此借记“主营业务成本”账户，贷记“原材料”账户。但发出的原材料在制作过程中不一定全部用完，因此，在计算饮食制品成本时，必须在月份终了时对存放在库房和操作间里已领用而未耗用的原材料和已制成但尚未售出的成品及半成品进行实地盘点，编制原材料、在制品和成品盘存表，并据此办理假退料手续，调整营业成本，借记“主营业务成本”账户（红字），贷记“原材料”账户（红字）。调整后的“主营业务成本”账户本期借方发生额合计数，即为本月耗用原材料总成本。下月初，再将假退料数额原数冲回，借记“主营业务成本”账户，贷记“原材料”账户。为简化核算手续，月末对盘存的原材料也可以不办理假退料手续，将其保留在“主营业务成本”账户中。但本月的原材料总成本则不再是“主营业务成本”账户的借方发生额合计数，而应根据下面的公式计算求得：

本月耗用原材料总成本=操作间月初原材料结存额+本月原材料领用额-操作间月末原材料盘存额

“以存计耗”核算法又称“倒算法”。采用“以存计耗”核算法的企业，购进的原材料记入“原材料”账户，操作间平时领用时，只办理领料手续，会计上不作账务处理。月末，将操作间剩余原材料的盘存金额加上库存原材料的盘存金额，倒挤出本月耗用的原材料总成本，计算公式为：

$$\text{本月耗用原材料总成本}=\text{月初原材料仓库和操作间结存额}+\text{本月购进原材料额}-\text{月末原材料仓库和操作间结存额}$$

月末，企业根据倒挤出的原材料总成本，借记“主营业务成本”账户，贷记“原材料”账户。

由此可见，采用领料制核算法的优点是核算手续完备，采购、保管和耗用各环节责任明确。采用“以存计耗”核算法虽然较为简单，但因其平时原材料发出不记账，无法分清耗用成本和保管损失，会将各种损失、浪费甚至贪污统统计入成本，不利于加强企业管理。因此，它只适用于经营规模较小，没条件也没必要建立原材料库房的小型餐饮企业。

旅游、餐饮和服务企业“营改增”后的税务会计核算与以前的税务核算体系完全不同，要根据划分的企业性质，区分一般纳税人和小规模纳税人，建立各自的税务核算程序，同时设置各自使用的应交税费的明细科目。

增值税一般纳税人应当在“应交税费”科目下设置10个明细科目核算增值税，其中，在“应交税费——应交增值税”的借方和贷方共设置10个专栏加以反映。常用专栏包括销项税额、进项税额、进项税额转出、已交税金等。

小规模纳税人主要在“应交税费”下设置“应交增值税”明细项目进行核算。

一般纳税人计征增值税的基础公式：

应纳税额＝销项税额-进项税额

小规模纳税人计征增值税的基础公式：

应纳税额=销售收入÷（1+征收率）×征收率

旅游业销售收入的核算可以选择差额收入作为计税基础。餐饮业一般纳税人抵扣进项税额的发票的认定是关键，关系到抵扣进项税额的大小。

其他服务业基本上均采用小规模纳税人的税务核算方法。

练习题

一、填空题

1.旅游餐饮服务企业的会计核算同其他行业的会计核算相比，有________、________、________三个特点。

2.按旅游者活动的空间范围不同，旅游业务可分为________和________。

3.旅行社的营业收入是指旅行社各项经营业务所得的________。

4.组团社在收费方式上通常采用________形式，与旅游者一次结算费用。

5.旅行社的国际结算方式除一般采用的汇款结算方式外，还可以使用________、________、________三种国际结算方式。

6.饮食制品成本的核算有________和________两种方法。

7.饮食制品目前常用的定价方法有________和________两种。

8.服务经营同时具有________、________、________三项职能。

9.反映客房经营情况的是________和________两个指标。

10.理发、美容、浴池等企业在管理上有________和________两种方式。

11."营改增"后，旅游餐饮服务业被划分为________行业进行税务管理。

12.旅游餐饮服务业小规模纳税人的计税公式为：________。

二、单项选择题

1.按国际惯例的结算方式，国外旅游机构需于旅游者入境前（　　）天，通过中国银行将旅游包价费用汇到组团社。

A.15　　B.20　　C.30　　D.60

2.旅游中的"汽车超公里费"属于（　　）。

A.综合服务费　　B.城市间交通费　　C.市内车费　　D.专项附加费

3.不宜入库管理的原材料是（　　）。

A.粮食　　B.豆油　　C.调味品　　D.蔬菜

4.采用成本毛利率法制定饮食制品售价的公式为（　　）。

A. 售价=成本×（1+销售毛利率）

B. 售价=成本×（1+成本毛利率）

C. 售价=成本÷（1-销售毛利率）

D. 售价=成本÷（1-成本毛利率）

5.理发、美容、浴池、照相、洗染、修理、娱乐等服务业在管理上虽然有先收款后服务和先服务后收款两种方式，但不论哪种收款方式，财务部门都应于每日营业终了时，根据业务部门报送的"主营业务收入日报表"及收到的款项登记（　　）账户。

A."应收账款"　　B."主营业务收入"

C."其他应收款"　　D."合同负债"

6.小规模纳税人适用的增值税征收率是（　　）。

A.9%　　B.13%　　C.6%　　D.3%

三、多项选择题

1.根据国家旅游局（现文化和旅游部）对价格的规定，按旅游日程及特殊需要项目，旅游价格一般由（　　）构成。

A.综合服务费　　B.房费　　C.城市间交通费　　D.专项附加费

2.旅游价格中的“综合服务费”包括（　　）。

A.餐饮费　　B.市内车费　　C.导游劳务费　　D.风味餐费

3.旅游业务中使用的信用证有（　　）。

A.旅行信用证　　B.光票信用证

C.购货信用证　　D.环球旅行信用证

4.旅游经营业务的营业成本包括（　　）。

A.导游费　　B.宣传费　　C.票务费　　D.住宿费

5.餐饮业的原材料包括（　　）。

A.主食　　B.副食　　C.调味品　　D.燃料

6.旅游餐饮服务企业一般纳税人需符合的条件是（　　）。

A. 会计核算健全

B. 能够提供准确的税务资料

C. 年应征增值税销售额超过500万元（含本数）

D. 不经常发生应税行为

四、判断题

1. 由组团社按拨款标准及规定，拨付给接团社的综合服务费、城市间交通费和加项服务费、全程陪同费等款项对组团社来说是营业成本的一部分，对接团社来说则是营业收入。（　　）

2. 为核算接团社的经营成果，无论款项是否已收到，应以向有关组团社发出“拨款单”的时间和金额作为计算本期营业收入的依据。（　　）

3. 餐饮企业不论月末对盘存的原材料是否办理假退料手续，本月消耗的原材料总成本都应是“主营业务成本”账户的借方发生额合计数。（　　）

4. 租金收入率始终等于或小于客房出租率。（　　）

5. 餐饮业的生产成本一般只算总成本，不算单位成本。（　　）

6. 所有的旅游业企业计征增值税的销售收入只能是全部销售收入。（　　）

实务训练

1.假日旅行社5月份组团赴中国香港、中国澳门、新加坡、马来西亚和泰国旅游，提出的旅游日程及收费表见表9-1。

表9-1

旅游日程及收费表

旅游团名称：A　　人数：15人　　金额单位：元　　等级：

天数	日期	星期	车次、航班及其他	抵达		离开		城市交通费	宾馆名称	餐费	房费	综合服务费
				时间	城市	时间	城市					
1	5.1	日	3622	略	深圳	次日	略	200		500	2 400	2 000
2	5.2	一			中国香港			400		500	3 200	3 000
3	5.3	二				次日		400		500	3 200	3 000
4	5.4	三	6121		泰国			300		400	2 000	3 500
5	5.5	四						300		400	2 000	2 500
6	5.6	五						300		400	2 000	2 500
7	5.7	六				次日		300		400	2 000	2 000
8	5.8	日	3112		新加坡			400		600	3 000	3 500
9	5.9	一						400		600	3 000	2 500
10	5.10	二				次日		400		600	3 000	2 000
11	5.11	三	3320		马来西亚			400		600	3 500	3 500
12	5.12	四				次日		400		600	3 500	2 500
13	5.13	五	3523		中国澳门			300		500	3 000	2 000
14	5.14	六				次日		300		500	3 000	1 500
15	5.15	日	5262		深圳			200		500	2 400	1 000
过境费：4 000元 超公里费： 风味餐费：2 000元 游江湖费：2 200元 特殊门票： 特殊项目费用： 保险费：3 000元							综合服务费（合计）：37 000元 城市间交通费（合计）：5 000元 房费（合计）：41 200元 餐费（合计）：7 600元 每人总报价：6 800元 报价人：李彩 审核人：王研 报价时间：2024年3月28日					
备　注												

4月10日，收到旅游单位转账支票一张，金额为153 000元。当日将支票送存银行办理进账手续，进账单如图9-1所示。

中国工商银行 进账单 （收账通知） 3

委托日期2024年04月10日

付款人	全 称	华联有限公司	收款人	全 称	假日旅行社有限公司
	账 号	3100099889200076901		账 号	3100027809200043901
	开户银行	工行新北路支行		开户银行	工行西宵区支行长春路分理处
金额	人民币（大写）	壹拾伍万叁仟元整		千百十万千百十元角分	¥15300000
票据种类	转账支票		收款人开户银行盖章		
票据张数	1张				
单位主管 李培花 会计 复核 石兵 记账 孙晔			略		

此联是收款人开户银行交给收款人的收账通知

图9-1 进账单

4月15日，假日旅行社通过中国银行分别汇给新、马、泰各国接待旅行社各4 500美元，当日汇率为USD1=CNY6.6。

5月16日，假日旅行社收到新、马、泰各国接待旅行社转来的结算确认单，结算确认单如图9-2所示。经汇总后，实际支出餐饮、导游等综合服务费54 000元，房费60 750元，城市间交通费8 550元，各种专项附加费18 000元。其中，新加坡50 738元，马来西亚47 355元，泰国43 207元。

假日旅行社A旅游项目结算确认单 2024年5月16日

旅游团（者）名称：A			人数：15人	
旅行等级	略			
项目		结算项目		
		天数	人数	金额
综合服务费	餐饮费	15	15	20 000.00 元
	劳务费	15	15	20 000.00 元
	其他	15	15	14 000.00 元
	综合服务费合计 54 000.00 元			
交通费	抵达		15	4 200.00 元
	回程		15	4 350.00 元
	交通费合计 8 550.00 元			
房费	酒店名称：略	15	15	60 750.00 元
专项附加费	项目：略	15	15	18 000.00 元
结算总计				141 300.00 元
备注				

图9-2 结算确认单

5月17日，假日旅行社通过中国银行分别汇给新、马、泰各国接待旅行社垫支款：新加坡接团社3 187.57美元、马来西亚接团社2 675美元、泰国接团社2 046.52美元，当日汇率为USD1=CNY6.6。

5月17日，假日旅行社选择差额纳税方式开具发票给旅游服务购买方。增值税普通发票如图9-3所示。

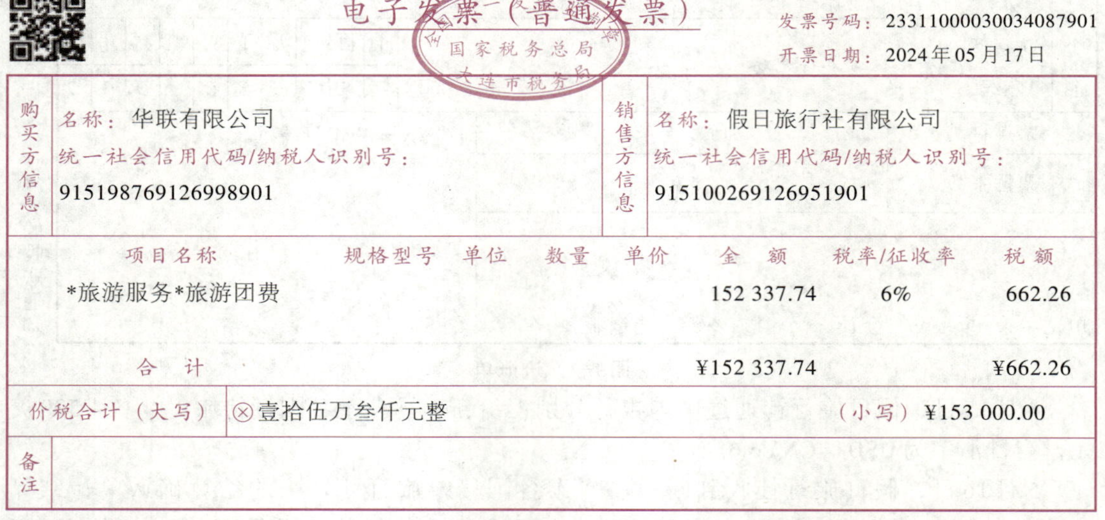

电子发票（普通发票）

发票号码：23311000030034087901
开票日期：2024年05月17日

购买方信息	名称：华联有限公司 统一社会信用代码/纳税人识别号： 915198769126998901	销售方信息	名称：假日旅行社有限公司 统一社会信用代码/纳税人识别号： 915100269126951901

项目名称	规格型号	单位	数量	单价	金额	税率/征收率	税额
*旅游服务*旅游团费					152 337.74	6%	662.26
合　计					¥152 337.74		¥662.26
价税合计（大写）	⊗壹拾伍万叁仟元整					（小写）	¥153 000.00
备注							

开票人：蒋子昂

图9-3　增值税普通发票

要求：对假日旅行社的上述业务进行会计处理。

2. 罗曼餐厅5月份发生如下经济业务（不考虑相关税费）：

（1）1日，将假退料退回操作间，共2 250元。

（2）1日，从肉联厂购进鲜肉300千克，每千克11元，货款以转账支票支付。鲜肉直接送操作间备用。

（3）2日，从菜市场购进各种新鲜蔬菜共200千克，货款总计825元，以现金支付，蔬菜直接送操作间备用。

（4）3日，操作间领用大米750千克，每千克账面价格为2.10元；领用面粉500千克，每千克账面价格为2元。

（5）4日，从水产公司购进活鲤鱼45千克，每千克10元；冰冻鲳鱼50千克，每千克8元，货款以转账支票支付。活鱼直接送操作间备用，冰冻鲳鱼验收入库。

（6）5日，操作间领用冰冻鲳鱼30千克，每千克账面价格为10元。

（7）12日，从菜市场购进味精、胡椒粉等各种调料共20千克，货款总计90元，以现金支付。调料验收入库。

（8）15日，操作间领用各种调料10千克，总计金额为60元。

（9）18日，从批发市场购进木耳、蘑菇等干菜共80千克，货款总计为1 800元，以转账支票支付。各种干菜验收入库。

（10）24日，从粮库购进大米4 500千克，每千克2元；面粉3 000千克，每千克1.80

元。同日从养鸡场购进鸡蛋75千克，每千克6元，货款均未支付。大米和面粉验收入库。鸡蛋交操作间备用。

（11）26日，操作间领用蘑菇15千克，每千克账面价格为9元。

5月31日，根据对操作间的实物盘点编制的盘存表见表9-2。

表9-2 5月份操作间原材料盘存表

品名	数量（千克）	单价（元/千克）	金额（元）	备注
大米	100	2.10	210	
面粉	80	2	160	
色拉油	20	8.20	164	
调料	5	4	20	
蘑菇	4	11	44	
鸡蛋	30	6	180	
合计			778	

要求：该餐厅采用“领料制”方法核算，请对5月份的原材料收发业务进行会计处理，并计算该餐厅5月份的原材料成本。

3.罗曼餐厅新推出两道菜肴，一是“松子虾球”，每份用大虾仁750克，每千克80元；松子150克，每千克45元；其他调配料6.50元。二是“鱼翅泡饭”，每份用鱼翅225克，每千克900元；大米150克，每千克2元；其他调配料12元。该餐厅的销售毛利率为40%。

要求：请计算出上述两道菜肴的售价。

4.5月6日罗曼餐厅财务部收到收款台报送的当日主营业务收入日报表，见表9-3。

表9-3 主营业务收入日报表

2024年5月6日 单位：元

项　目	现　金	支票	签　单	定金	合　计
1.中餐	2 425	5 800	850	180	9 255
2.西餐	1 040				1 040
3.快餐	680				680
4.盒饭	140				140
合计	4 285	5 800	850	180	11 115

说明：支票5 800元是结算以前欠款；签单850元为当日赊欠；定金是预订明日的酒席。实交现金4 465元（4 285+180），转账支票一张，金额为5 800元，签单3张，金额合计为850元。

要求：根据上述资料，作出账务处理。

5.海景宾馆2024年6月20日的客房部主营业务收入日报表见表9-4。

表9-4 客房部主营业务收入日报表

2024年6月20日

单位：元

上日结存（预收款）	本日应收（当日收入）	本日交付		本日结存（预收款）
		预收款	补交款	
24 095	13 705	2 720	1 200	14 310

要求：为该宾馆进行当天的账务处理，涉及的预收款为酒店收到客户预交的房费款。

6.假日旅行社（增值税一般纳税人，下同）2023年8月份发生以下业务：

（1）8月7日收到六一儿童节组织的亲子旅游项目的服务费53 000元，转账支票当日存入银行并办理进账手续，进账单如图9-4所示。

中国工商银行 进账单 （收账通知） 3

委托日期2023年08月07日

付款人	全称	**有限公司	收款人	全称	假日旅行社有限公司
	账号	5434638035		账号	3100027809200043901
	开户银行	略		开户银行	工行西岗区支行长春路分理处

金额	人民币（大写）	伍万叁仟元整	千	百	十	万	千	百	十	元	角	分
					¥	5	3	0	0	0	0	0

票据种类	转账支票	收款人开户银行盖章
票据张数	1张	
单位主管 李培花 会计 复核 石兵 记账 孙晔		略

此联是收款人开户银行交给收款人的收账通知

图9-4 进账单

（2）8月25日收到当月公司耗用水费的增值税专用发票，发票如图9-5所示，金额3 270元。

电子发票（增值税专用发票）

发票号码：23311000030034081902

开票日期：2023年08月25日

购买方信息	名称：假日旅行社有限公司 统一社会信用代码/纳税人识别号： 915100269126951901	销售方信息	名称：自来水公司 统一社会信用代码/纳税人识别号： 915100269126951902

项目名称	规格型号	单位	数量	单价	金额	税率/征收率	税额
*水冰雪*自来水		吨	1 000	3.00	3 000.00	9%	270.00
合计					¥3 000.00		¥270.00
价税合计（大写）	⊗叁仟贰佰柒拾元整				（小写）¥3 270.00		
备注							

开票人：冯子峰

图9-5 增值税专用发票

（3）8月26日收到组织暑期放松十日游的服务费收入（住宿餐饮全包式），共计212 000元。

（4）8月27日因业务发展需要，购入电脑5台，金额33 900元，取得增值税专用发票，发票如图9-6所示。款项暂未支付。

电子发票（增值税专用发票）

（全国统一发票监制章　国家税务总局　大连市税务局）

发票号码：23311000030034081903
开票日期：2023年08月27日

购买方信息	名称：假日旅行社有限公司 统一社会信用代码/纳税人识别号： 915100269126951901	销售方信息	名称：大连信息技术有限公司 统一社会信用代码/纳税人识别号： 915100269126951903

项目名称	规格型号	单位	数量	单价	金额	税率/征收率	税额
*电子计算机*DELL笔记本电脑	W7-37B	台	5	6 000.00	30 000.00	13%	3 900.00
合计					¥30 000.00		¥3 900.00
价税合计（大写）	⊗叁万叁仟玖佰元整					（小写）	¥33 900.00
备注							

开票人：元超

图9-6　增值税专用发票

（5）8月27日支付暑期放松十日游项目的住宿餐饮费用共计137 110元，结算费用明细如图9-7所示。

假日旅行社A旅游项目结算确认单

2023年8月27日

旅游团（者）名称：A旅游团				人数：10人
旅行等级		略		
项目		结算项目		
		天数	人数	金额
综合服务费	餐饮费	5	10	20 000.00元
	劳务费	5	10	20 000.00元
	其他	5	10	14 000.00元
	综合服务费合计54 000.00元			
交通费	抵达		10	2 200.00元
	回程		10	2 160.00元
	交通费合计4 360.00元			
房费	酒店名称：略	5	10	60 750.00元
专项附加费	项目：略	5	10	18 000.00元
结算总计				137 110.00元
备注	以上费用均取得有效凭证，其中城市间交通费及酒店房费取得可抵扣凭证			

图9-7　项目结算确认单

要求：若所有有效抵扣凭证均已在纳税平台进行勾选确认，请计算假日旅行社2023年8月份增值税应纳税额。

7. 白天鹅酒店（增值税小规模纳税人）2023年8月份取得销售收入51 500元，消费客户要求开具增值税发票，其中：30 900元需要开具增值税普通发票；20 600元需要开具增值税专用发票。

要求：

（1）如何处理消费客户的增值税发票开具需要。

（2）计算2023年8月份白天鹅酒店增值税应纳税额。

练习题参考答案

一、填空题

1. 核算对象的多样性　成本核算的特殊性　货币核算的涉外性

2. 国际旅游业务　国内旅游业务

3. 全部收入

4. 包价

5. 信用证　旅行支票　信用卡

6. 领料制　以存计耗

7. 销售毛利法　成本毛利法

8. 生产　服务　销售

9. 客房出租率　租金收入率

10. 先收款后服务　先服务后收款

11. 生活服务类

12. 应纳税额=销售收入÷（1+征收率）×征收率

二、单项选择题

1.A　2.D　3.D　4.B　5.B　6.D

三、多项选择题

1.ABCD　2.ABC　3.ABD　4.ABCD　5.ABC　6.ABC

四、判断题

1.√

因为旅行社的收入是指旅行社各项经营业务所得的全部收入，包括旅行社按照规定的旅游服务收费标准，在一定时期内提供各种劳务的全部收入。旅游经营业务的营业成本是指直接用于接待旅游者并为其提供各项服务所发生的全部支出。

2.√

应按照权责发生制原则进行核算。

3.×

只有在办理假退料手续之后，本月消耗的原材料总成本才是“主营业务成本”账户的借方发生额合计数。否则，应用下列公式求得：

本月耗用原材料总成本=操作间月初原材料结存额+本月原材料领用额-操作间月末原材料盘存额

4.×

也有租金收入率高于客房出租率的时候，因为宾馆的某日宿费的结算时间一般是次日的中午12点或下午2点，在结算时间之后退房的客人，延迟退房不超过12小时按半日费用计费，超过12小时按全日费用计费。而在旅游旺季，由于客人多，客房紧张，前一批客人在当晚退房后，宾馆又在当晚将这些客房再次出租，使一间客房在同一天的不同时段入住了两批客人，这时客房出租率是100%，而租金收入率却会超过100%。

5.√

因为餐饮业要根据消费者的要求加工烹调菜肴和食品，并将这些菜肴和食品直接出售给消费者，其整个生产、销售和服务过程均集中在较短的时间内完成，而且菜肴和食品的花色品种多、数量零星，因此不可能像工业企业那样按产品品种或类别逐批逐件地计算其总成本和单位成本，而只能计算菜肴和食品的总成本。

6.×

旅游业企业可以选择以取得的全部价款和价外费用，扣除向旅游服务购买方收取并支付给其他单位或者个人的住宿费、餐饮费、交通费、签证费、门票费和支付给其他接团旅游企业的旅游费用后的余额为销售额。

实务训练提示

1.假日旅行社的会计处理如下：

（1）收到旅游单位支付旅游费用的支票：

借：银行存款——人民币户　153 000
　贷：合同负债　153 000

（2）通过中国银行汇出款项：

借：应付账款——应付国外结算款（新加坡）（USD4 500×6.6）　29 700
　　　　　——应付国外结算款（马来西亚）（USD4 500×6.6）　29 700
　　　　　——应付国外结算款（泰国）（USD4 500 ×6.6）　29 700
　贷：银行存款——美元户（USD13 500×6.6）　89 100

（3）结转旅游成本141 300元（54 000+60 750+8 550+18 000）：

借：主营业务成本　141 300
　贷：应付账款——应付国外结算款（新加坡）　50 738
　　　　　　——应付国外结算款（马来西亚）　47 355
　　　　　　——应付国外结算款（泰国）　43 207

（4）通过中国银行补付外方结算款余额：

借：应付账款——应付国外结算款（新加坡）（USD3 187.57×6.6）　21 038
　　　　　——应付国外结算款（马来西亚）（USD2 675×6.6）　17 655
　　　　　——应付国外结算款（泰国）（USD2 046.52×6.6）　13 507
　贷：银行存款——美元（USD7 909.09×6.6）　52 200

（5）根据结算确认单及增值税普通发票确认收入、计算税额：

借：合同负债　153 000
　贷：主营业务收入　152 337.74
　　应交税费——应交增值税　662.26

2. 罗曼餐厅5月份原材料收发业务会计处理如下：

(1) 5月1日，将假退料转回：

借：主营业务成本　2 250
　贷：原材料　2 250

(2) 5月1日，购进鲜肉直接交操作间：

借：主营业务成本　3 300
　贷：银行存款　3 300

(3) 5月2日，购进蔬菜：

借：主营业务成本　825
　贷：库存现金　825

(4) 5月3日，操作间领用大米、面粉：

借：主营业务成本　2 575
　贷：原材料——大米　1 575
　　——面粉　1 000

(5) 5月4日，购进鲤鱼和鲳鱼：

借：主营业务成本　450
　原材料——鲳鱼　400
　贷：银行存款　850

(6) 5月5日，操作间领用鲳鱼：

借：主营业务成本　300
　贷：原材料——鲳鱼　300

(7) 5月12日，购进调料：

借：原材料——调料　90
　贷：库存现金　90

(8) 5月15日，操作间领用调料：

借：主营业务成本　60
　贷：原材料——调料　60

(9) 5月18日，购进干菜：

借：原材料——干菜　1 800
　贷：银行存款　1 800

(10) 5月24日，购进大米、面粉、鸡蛋：

借：主营业务成本　450
　原材料——大米　9 000
　　——面粉　5 400
　贷：应付账款——粮库　14 400
　　——养鸡场　450

（11）5月26日，操作间领用蘑菇：

借：主营业务成本　135

　贷：原材料——干菜　135

（12）5月31日，办理假退料：

借：主营业务成本　[778]

　贷：原材料——大米　[210]

　　　　　　——面粉　[160]

　　　　　　——色拉油　[164]

　　　　　　——调料　[20]

　　　　　　——干菜　[44]

　　　　　　——鸡蛋　[180]

该餐厅5月份的原材料成本为：

2 250+3 300+825+2 575+450+300+60+450+135−778=9 567（元）

3. 松子虾球售价=（750×80÷1 000+150×45÷1 000+6.5）÷（1−40%）=122.08（元）

鱼翅泡饭售价=（225×900÷1 000+150×2÷1 000+12）÷（1−40%）=358（元）

4. 罗曼餐厅5月6日的会计处理如下：

（1）当日主营业务收入：

借：库存现金　4 285

　　应收账款——××　850

　贷：主营业务收入　5 135

（2）收到偿还的以前欠款：

借：银行存款　5 800

　贷：应收账款——××　5 800

（3）收到定金：

借：库存现金　180

　贷：合同负债——××　180

5. 海景宾馆6月20日的会计处理如下：

（1）当日主营业务收入：

借：库存现金　1 200

　　应收账款——客房　12 505

　贷：主营业务收入　13 705

（2）当日收到预收款：

借：库存现金　2 720

　贷：合同负债　2 720

（3）冲减预收账款：

借：合同负债　12 505

　贷：应收账款——客房　12 505

6.（1）销项税额＝53 000÷（1+6%）×6%=3 000（元）

（2）进项税额＝3 000×9%＝270（元）

（3）销项税额＝212 000÷（1+6%）×6%＝12 000（元）

（4）进项税额＝30 000×13%＝3 900（元）

（5）城市间交通费进项税额＝4 360÷（1+9%）×9%＝360（元）

住宿费进项税额=60 750÷（1+6%）×6%＝3 438.68（元）

假日旅行社2023年8月应纳税额＝3 000+12 000−270−3 900−360−3 438.68＝7 031.32（元）

7.客户要求开具30 900元的增值税普通发票，可以由白天鹅酒店自开发票（税率3%）；若白天鹅酒店已自愿使用增值税发票管理系统自行开具增值税专用发票，则可自行开具20 600元的增值税专用发票，若未使用，则需要白天鹅酒店向主管税务机关申请代开（税率3%）。

白天鹅酒店2023年8月份增值税应纳税额＝51 500÷（1+3%）×3%＝1 500（元）

教材中典型案例解答

典型案例一

（1）在“领料制”下：

原材料总成本=162 000+43 900−1 460=204 440（元）

库存商品的销售成本=97 000−2 320=94 680（元）

账务处理：

借：主营业务成本——原材料 204 440

——库存商品 94 680

贷：原材料 204 440

库存商品 94 680

（2）在“以存计耗”下：

原材料总成本=13 000+158 000+43 900−8 200−1 460=205 240（元）

库存商品的销售成本=5 600+98 800−7 300−2 320=94 780（元）

借：主营业务成本——原材料 205 240

——库存商品 94 780

贷：原材料 205 240

库存商品 94 780

（3）在“领料制”下，未考虑月末仓库盘亏数量，若属于管理问题，可能会使利润虚增。

在“以存计耗”下，将盘亏数量全部计入当月成本，若有索赔的可能，会使利润虚减。

典型案例二

综合服务费含税收入=14×200=2 800（元）

费用成本=14×20+14×20+300=860（元）

差额纳税应纳税额=（2 800−860）÷（1+6%）×6%=109.81（元）

不含税收入=2 800−109.81=2 690.19（元）

综合服务费收入账务处理：

借：库存现金　　2 800

　贷：主营业务收入　　2 690.19

　　　应交税费——应交增值税（销项税额）　　109.81

发生费用成本账务处理：

借：主营业务成本——综合服务费　　300

　　　　　　　　——城市交通费　　280

　　　　　　　　——餐费　　280

　贷：库存现金　　860

典型案例三

应纳税额＝100÷（1+6%）×6%－（17.44-16）-（7.91-7）－4.52÷（1+13%）×13%－5×9%

＝5.66－1.44－0.91－0.52－0.45＝2.34（万元）

注解：购进农产品，除取得增值税专用发票或者海关进口增值税专用缴款书外，按照农产品收购发票或销售发票上注明的农产品买价和规定的扣除率（通常情况为9%）计算进项税额抵扣。进项税额的计算公式：进项税额=买价×扣除率。

典型案例四

应纳税额＝（60 000－20 000）÷（1+3%）×3%＝1 165（元）

第十章

农村集体经济组织会计与农民专业合作社会计

学习目的和要求

学习本章的目的在于了解农村集体经济组织和农民专业合作社会计的特点，根据《农村集体经济组织会计制度》和《农民专业合作社会计制度》的相关规定，掌握其会计核算的方法，并结合案例进一步加深对这两种农业会计的理解和运用。

重点问题解析

学习本章时，重点掌握农村集体经济组织会计和农民专业合作社会计与一般企业会计的相同之处与区别。

我国2006年颁布新企业会计准则之后，绝大多数企业都要按照统一的企业会计准则进行财务信息列报，同时允许特殊企业、非企业组织适用专门的会计制度。比如对规模小、雇工少的企业，我们采用《小企业会计准则》进行核算，而对广大农村地区的集体经济组织，则有专门的《农村集体经济组织会计制度》和《农民专业合作社会计制度》加以规范。

从整体上来看，农业会计在确认、计量时仍然坚持“会计主体、持续经营、会计分期、货币计量”四大基本假设以及“权责发生制”这一会计基础，也设置了六大会计要素，即资产、负债、所有者权益、收入、费用和收益。但在一些具体核算规则上还是存在明显不同。

为了准确掌握《农村集体经济组织会计制度》，我们必须了解农村集体经济组织的几个特点：

（1）农村集体经济组织是指按村或村民小组设置的街道性集体经济组织，是以从事经济发展为主，同时兼有一定街道管理职能的农业基层管理单位。在实务中一般适用于以公有土地为基础的地区性、综合性的作为发包单位的农村集体经济组织。

（2）由于农村集体经济组织兼具生产经营与街道管理的双重职能，带有比较浓重的行政管理痕迹，不宜将其直接视为企业单位，因此目前农村集体经济组织属于特殊法人主体，通常情况下由村民委员会代行相关职权，在会计日常核算方面具有要求简单、简化核算的特点。

（3）为了与新时期经济发展格局相适应，农村集体经济组织在生产经营上采取有统有分、统分结合的双层管理体制。在资金来源上逐步实现了与国有企业、民营企业等其他经济形式的多元化合作，因此在所有制结构上也必然是以集体所有制为主，多种成分并存。

通过学习，我们可以看出农村集体经济组织在会计核算过程中与企业会计准则所要求的明显不同。由于农户生产合作、农产品饲养培育的特殊性，农村集体会计制度通过设置“内部往来”、“生物资产”类、“一事一议资金”等会计科目来准确反映、计量；对于业务发生量比较少的投资业务、租赁业务、公积金业务等，农村集体会计制度则做了适当的简化处理。因此，对于“消耗性生物资产”“生产性生物资产”“公益性生物资产”三大生物资产科目核算的理解与运用是真正理解农村集体经济组织会计制度中资产要素的关键。另外，从我国农村现有的小规模生产方式来看，本村农户与村集体之间的内部交换业务是准确核算村集体资产的又一重点。“内部往来”科目不但理清了集体与个人之间的利益关系，同时也为今后村集体生产关系的进一步变革奠定了基础。

农民专业合作社是在农村家庭承包经营的基础上，同类农产品的生产经营者或者同类农业生产经营服务的提供者和利用者，自愿联合、民主管理形成的互助性经济组织。经市场监督管理部门批准后，农民专业合作社可取得法人资格。

农民专业合作社以其成员为主要服务对象，提供农业生产资料的购买，农产品的销售、加工、运输、贮藏以及与农业生产经营有关的技术、信息等服务。农民专业合作社的定义不包括农村地区现有的信用合作社、供销社和农村集体经济组织。

农民专业合作社与农村集体经济组织的区别比较明显，农民专业合作社更具备专业化经济组织的特点。

1.成员以农民为主体

设立农民专业合作社，至少有5名符合规定的成员，其中农民比例不低于成员总数的80%。成员总数为20人以下的，可以有1个企业、事业单位或者社会团体成员；成员总数超过20人的，企业、事业单位和社会团体成员不得超过成员总数的5%。

2.以服务成员为宗旨，谋求全体成员的共同利益

农民专业合作社本质上是一个互助性经济组织，对内部成员不以营利为目的，要把从市场上获得的收益根据分配标准返还给合作社成员。因此农民专业合作社实际上具备了对内服务与对外经营的双重属性。

3.入社自愿、退社自由

简单地说，以同类农产品为纽带，与之相关的农民生产者和经营者，以及参与上下游生产经营的企业、事业单位和社会团体都可以自愿加入合作社。

对于在社成员，只要已经结清相关债权债务，提出申请后均可以自由退社。

4.成员地位平等，实行民主管理

农民专业合作社的最高权力机构为成员大会（或成员代表大会），每一成员均享有基本表决权。“一人一票制”既体现了合作社“人合”的特点，也从制度上保证了该组织管理的民主化。

5.盈余主要按照成员与农民专业合作社的交易量（额）比例返还

农民专业合作社每年实现的可分配盈余，都要按照一定的标准分配给本社成员。在分配过程中，首先按照成员与本社的交易量（额）比例返还，且返还总额不得低于可分配盈余的60%；其次将剩余部分按照成员账户中记载的出资额、公积金份额、本社接受国家财政直接补助和他人捐赠形成的财产平均量化到成员的份额，按比例分配给本社成员。

通过学习，我们可以看出，农民专业合作社的会计核算必须分清合作社对内与对外两个层次。作为一种组织形式，合作社对外经济交往时采用的会计核算方法比农村集体经济组织更接近普通企业，更具有业务核算的普遍性、可比性。合作社对内部社员业务的操作体现出了更加灵活的“人合与资合兼顾”的特点，更能激发农民的生产积极性。

另外，在进行负债业务核算时，我们需要注意以下两个方面的特殊性：

1.合作社应付款项的核算范围

在合作社会计制度规定的应付款项内容中，包含了“成员往来”贷方的余额合计数。严格地说，“成员往来”贷方表示合作社拖欠本社成员的款项，既有立即可偿还部分，也有准备在长时间内分次偿还部分，因此将“成员往来”贷方的余额按时间标准分别归集到流动负债、非流动负债为宜。但是从简化操作的角度出发，在不影响信息使用的前提下，合作社会计制度规定“成员往来”期末贷方的余额直接以其合计数字归集到流动负债的“应付款项”项目中。

2.关于合作社支付给成员的报酬

合作社会计制度规定，应支付给本社管理人员、固定成员的日常工资、奖金、津贴、补助等通过“应付工资”科目核算，不再单设“应付福利费”科目。在年末向本社成员分配盈余时，使用“应付盈余返还”“应付剩余盈余”科目。

练习题

一、填空题

1.《农村集体经济组织会计制度》是由________发布并于________开始执行的。

2.自行组建村会计机构管理农村集体经济组织财务及会计工作，称为________。

3.我国于2018年7月1日起实施的________，确立了农民专业合作社的市场主体地位。

4.根据《农民专业合作社会计制度》的规定，农民专业合作社应编制资产负债表、盈余及盈余分配表、________、________、成员账户和财务状况说明书。

5.自2024年1月1日起实施的《农村集体经济组织会计制度》规定农村集体经济组织会计核算共设置________个一级会计科目。

6.本村与外单位之间的应收款项直接使用________科目，本村与内部村民、组员、下属单位等的应收应付经济往来业务，则使用________科目。

7.农村集体经济组织的生物资产包括________资产、________资产和________资产。

8.根据《农民专业合作社会计制度》的要求，目前共设置________个一级会计科目。

9.农民专业合作社会计制度在处理存货资产的问题上主要侧重于分清存货的性质。凡是本社自产自用类存货，均使用________科目，凡是本社委托给外单位、个人代加工或代销售的存货，使用________和________科目核算。

10. ________是指合作社接受国家财政直接补助而收到的货币资金。

二、单项选择题

1.下列账户中，属于资产、负债双重性质的科目是（　　）科目。

A.“库存现金”　　B.“经营收入”　　C.“内部往来”　　D.“生产成本”

2.下列项目中，不属于农村集体经济组织筹集资金来源的是（　　）。

A.投资者投入资本　　B.从银行借入款项

C.一事一议资金　　D.替电业局代收的电费

3.农村集体经济组织收到的银行存款利息收入，应在（　　）账户核算。

A.“经营收入”　　B.“其他收入”

C.“投资收益”　　D.“补助收入”

4.下列项目中，会引起农村集体经济组织资产和负债同时减少的经济业务是（　　）。

A.以现金支付欠村民款项　　B.以现金支付办公费用

C.未支付的购买农药货款　　D.收回村民的欠款

5.一事一议资金主要用于（　　）。

A.直接补助村民成员　　B.村集体公益事业

C.补助五保户　　D.村集体科教文卫支出

6.农民合作社在生产经营过程中发生的应收款项按照对象可以划分为对外、对内两类。凡是本社与合作社社内农户、单位发生的应收应付款项，均通过（　　）科目核算。

A.“内部往来”　　B.“应收款”　　C.“成员往来”　　D.“应付款”

7.“应付盈余返还”科目专门用来核算合作社可分配盈余中应按成员与本社交易量（额）返还给成员的金额。根据合作社会计制度的规定，按交易量（额）返还的盈余额度不得低于可分配盈余的（　　）。

A.50%　　B.60%　　C.30%　　D.70%

8.经济林在达到预定生产经营目的后，应该视同为一项普通的长期资产在每期（　　）。

A.不计提折旧　　B.计提折旧　　C.摊销资产价值　　D.不摊销资产价值

9.我国于2018年7月1日起实施的《农民专业合作社法》，使农民专业合作社成为（　　）。

A.事业单位法人　　B.社团法人　　C.企业法人　　D.第五种法人

10.农村集体经济组织进行薪酬核算时，应该将支付给临时性工作人员的劳务费、奖金、津贴、补助归入（　　）科目核算。

A.“内部往来”　　B.“经营支出”　　C.“应付工资”　　D.“应付劳务费”

三、多项选择题

1.下列项目中，属于农村集体经济组织生物资产的有（　　）。

A.幼畜　　B.防风固沙林　　C.农药　　D.经济林

2.一事一议资金是指因兴办生产、公益事业，按照一事一议的原则由村集体组织出面筹集的专项资金，主要用于（ ）。

A. 村农田水利建设　　B. 村级公路修建

C. 村环保植树造林　　D. 村集体用生产设备的购置

3. 凡是农民专业合作社委托给外单位、个人代加工或代销售的存货，使用（ ）科目核算。

A. “委托加工物资”　　B. “委托代销商品”

C. “产品物资”　　D. “库存物资”

4. 凡是属于农民专业合作社接受下属社员委托代购、代销的存货，使用（ ）科目核算。

A. “委托加工物资”　　B. “委托代销商品”

C. “受托代购商品”　　D. “受托代销商品”

5. 下列项目中，属于农村集体经济组织生产性生物资产的经济林木的有（ ）。

A. 苹果树　　B. 红茶树　　C. 柳树　　D. 橡胶树

四、判断题

1. 村级会计委托代理制不会影响村里财务的自主权，它只是村级会计委托代理服务的一种形式。（ ）

2. 对于具备了长期资产性质的生物资产，我们应对其成本进行分摊。（ ）

3. 《农村集体经济组织会计制度》统一规定了计提折旧的预计净残值率为10%，并要求按照扣除净残值后的余额直线摊销。（ ）

4. 从会计核算的角度来看，非经济林木在郁闭成林后，不需要每期计提折旧。（ ）

5. 农村集体经济组织接近普通企业，更具有业务核算的普遍性、可比性，体现出了更加灵活的“人合与资合兼顾”的特点，更能激发农民的生产积极性。（ ）

实务训练

1. 大连张沟农村集体经济组织，2023年12月发生下列经济业务：

（1）1日，使用现金支票从银行提取现金2 000元，现金支票存根如图10-1所示。

（2）3日，以现金支付办公室电话费500元。

（3）5日，张沟村销售给王村农产品一批，价款8 000元，尚未收到货款。

（4）5日，购入农产品，成本为6 000元。

（5）8日，张沟村借给农户张平800元。

（6）10日，收回借给张平的款项800元。

（7）12日，收到乡财政所转来的财政转移支付资金12 000元。

（8）15日，收到驻地各单位的过节资助款现金3 000元。

（9）18日，用银行存款购入农药一批，货款为3 000元，取得对方开具的增值税普通发票，如图10-2所示，运杂费为60元，已验收入库。

大连印钞厂证券分厂·2023年印制

中国工商银行（连）
现金支票存根

$\frac{B\ E}{Q\ 2}$940326

附加信息

出票日期：2023年12月1日

收款人：张沟村集体
金　额：¥2 000.00
用　途：备用金

单位主管：　　　会计：

图10-1　现金支票存根

电子发票（普通发票）

发票号码：23311000030034081101
开票日期：2023年12月18日

购买方信息	名称：张沟村集体 统一社会信用代码/纳税人识别号： 915100269126951100	销售方信息	名称：烟台农产品批发公司 统一社会信用代码/纳税人识别号： 915100269126951101

项目名称	规格型号	单位	数量	单价	金　额	税率/征收率	税　额
*农药*化学农药		千克	20	145.63	2 912.62	3%	87.38
合　计					¥2 912.62		¥87.38
价税合计（大写）	⊗叁仟元整					（小写）¥3 000.00	
备注							

开票人：元超

图10-2　增值税普通发票

（10）20日，用银行存款购入一台不需要安装的收割机，发票价格为60 000元，取得对方开具的增值税普通发票，如图10-3所示，支付运费500元。

电子发票（普通发票）

发票号码：23311000030034081102
开票日期：2023年12月20日

购买方信息	名称：张沟村集体 统一社会信用代码/纳税人识别号： 915100269126951100	销售方信息	名称：红星专用设备有限公司 统一社会信用代码/纳税人识别号： 915100269126951102

项目名称	规格型号	单位	数量	单价	金　额	税率/征收率	税　额
*农业机械*收获机械		台	1	58 252.43	58 252.43	3%	1 747.57
合　计					¥58 252.43		¥1 747.57
价税合计（大写）	⊗陆万元整					（小写）¥60 000.00	
备注							

开票人：元清

图10-3　增值税普通发票

（11）21日，购入幼马3匹，购买价格为2 000元，取得对方开具的增值税普通发票，如图10-4所示，另发生运费100元，款项以现金支付。

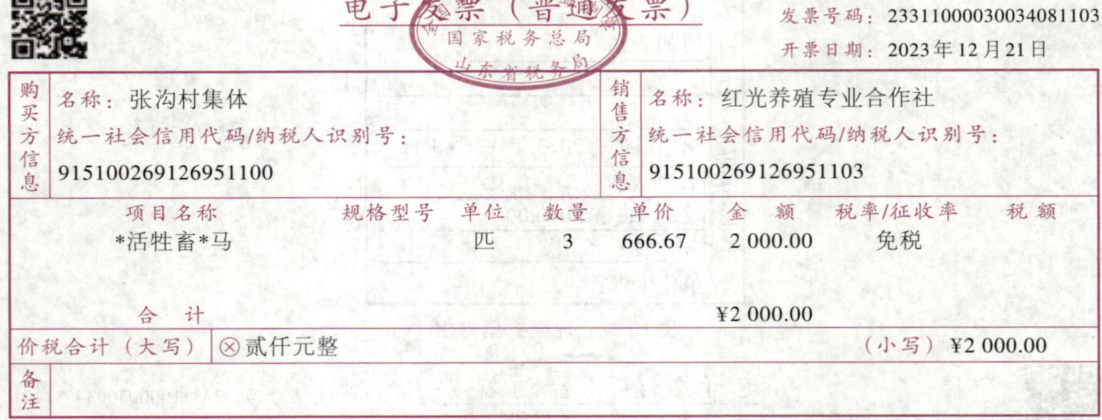

电子发票（普通发票）

发票号码：23311000030034081103
开票日期：2023年12月21日

购买方信息	名称：张沟村集体 统一社会信用代码/纳税人识别号： 915100269126951100	销售方信息	名称：红光养殖专业合作社 统一社会信用代码/纳税人识别号： 915100269126951103

项目名称	规格型号	单位	数量	单价	金额	税率/征收率	税额
*活牲畜*马		匹	3	666.67	2 000.00	免税	
合　计					¥2 000.00		
价税合计（大写）	⊗贰仟元整					（小写）¥2 000.00	
备注							

开票人：赵超

图10-4　增值税普通发票

（12）25日，为饲养3匹幼马，消耗库存物资800元。

（13）26日，收到银行存款利息收入260元。

（14）30日，结转各收入类账户余额，“经营收入”124 500元，“补助收入”50 000元，“其他收入”54 000元。

（15）30日，结转各费用类账户余额，“经营支出”70 000元，“其他支出”10 000元，“管理费用”30 000元。

要求：根据上述经济业务进行会计账务处理。

2.浙江省华西村向阳合作社是一家农副产品综合加工、出售一条龙的农民专业合作社，2023年度发生下列经济业务：

（1）1月5日，向诚信肉联食品加工厂出售产役畜10头，计价8 000元，款项尚未收回。20天后，合作社收回此项欠款并向对方开具了增值税普通发票，如图10-5所示。

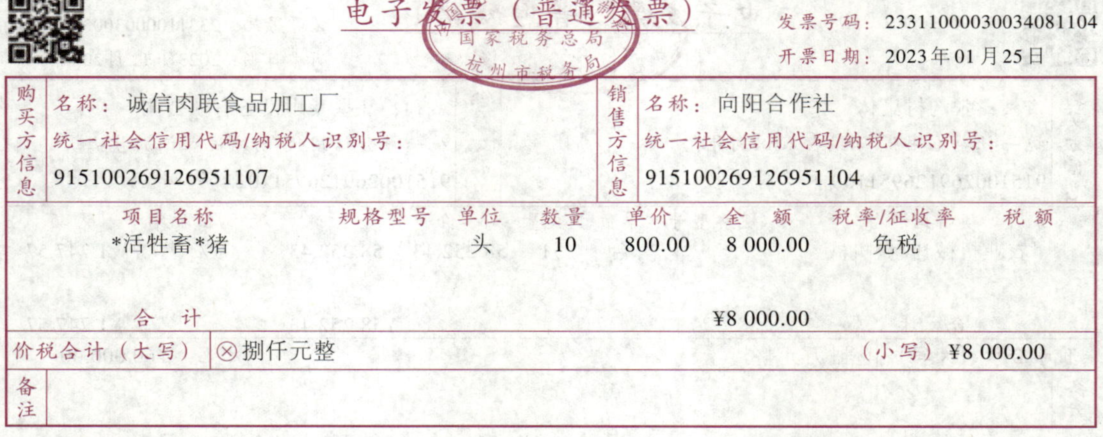

电子发票（普通发票）

发票号码：23311000030034081104
开票日期：2023年01月25日

购买方信息	名称：诚信肉联食品加工厂 统一社会信用代码/纳税人识别号： 915100269126951107	销售方信息	名称：向阳合作社 统一社会信用代码/纳税人识别号： 915100269126951104

项目名称	规格型号	单位	数量	单价	金额	税率/征收率	税额
*活牲畜*猪		头	10	800.00	8 000.00	免税	
合　计					¥8 000.00		
价税合计（大写）	⊗捌仟元整					（小写）¥8 000.00	
备注							

开票人：元超

图10-5　增值税普通发票

（2）1月30日，以银行存款预付大有林木专业合作社苹果树苗款3 000元，取得对方开具的增值税普通发票，如图10-6所示，2天后合作社运回苹果树苗并栽植。

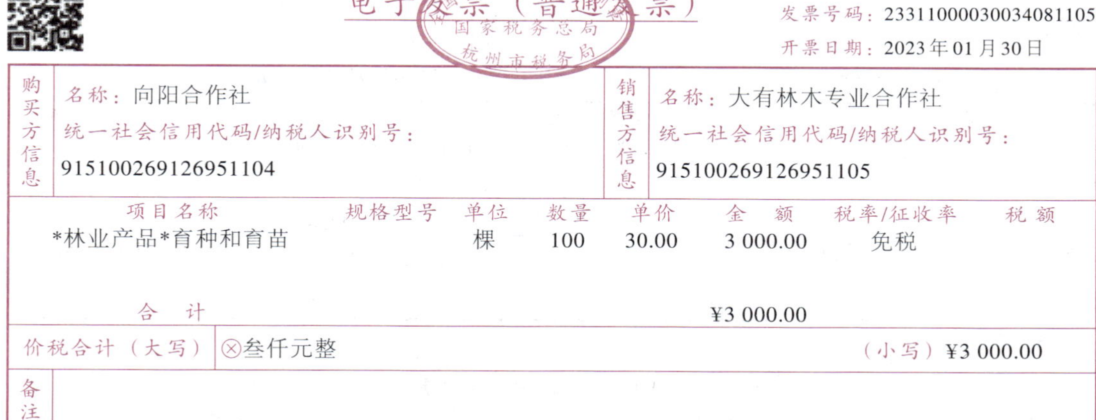
电子发票（普通发票）

发票号码：23311000030034081105
开票日期：2023年01月30日

购买方信息	名称：向阳合作社 统一社会信用代码/纳税人识别号： 915100269126951104	销售方信息	名称：大有林木专业合作社 统一社会信用代码/纳税人识别号： 915100269126951105

项目名称	规格型号	单位	数量	单价	金额	税率/征收率	税额
*林业产品*育种和育苗		棵	100	30.00	3 000.00	免税	
合计					¥3 000.00		
价税合计（大写）	⊗叁仟元整				（小写）¥3 000.00		
备注							

开票人：孙超

图10-6　增值税普通发票

（3）2月10日，合作社为其成员王雷提供生产周转金10 000元，双方约定蔬菜收获后归还。12月末合作社收回上述垫支款，存入银行。

（4）2月20日，专业合作社为其成员张家农购买优质棉花籽，价款500元，收取服务费20元。

（5）2月25日，合作社为其成员李秀提供苹果销售服务，收到李秀交来苹果5 000千克，合同约定价款15 000元。

（6）3月15日，合作社购入化肥10 000千克，用现金支付运杂费100元，运回入库，化肥计价2 000元，款暂欠。

（7）3月20日，合作社获得2023年度省农业农村厅财政扶持资金30 000元，按照财政扶持资金的项目用途，全部用于购买柿树苗。

（8）3月20日，合作社获得2023年度省农业农村厅财政扶持资金20 000元，按照财政扶持资金的项目用途，全部用于建造蔬菜温室棚。

（9）12月15日，合作社收到成员刘力入股资金50 000元，存入银行。

（10）12月20日，合作社收到绿色发展公司捐赠现金100 000元。

（11）12月30日，合作社按照章程规定，本年按盈余的10%提取盈余公积，本年实现盈余100 000元。

要求：根据上述经济业务进行会计账务处理。

3.大连普兴专业合作社以生产、销售苹果为主业，2023年度发生的部分经济业务如下：

（1）3月25日，合作社购入苹果树苗2万棵，计价20 000元，以银行存款支付并取得对方开具的增值税普通发票，如图10-7所示。栽植苹果树时，用现金支付人工费用5 000元。

（2）3月30日，合作社培植苹果树时，领取库存农药及化肥500元，用现金支付人工费用300元。苹果树进入投产期后使用库存农药及化肥3 200元，用现金支付灌溉费2 400元，应付工资3 000元。

电子发票（普通发票）

发票号码：23311000030034081106
开票日期：2023年03月25日

购买方信息	名称：大连普兴专业合作社 统一社会信用代码/纳税人识别号： 915100269126951106	销售方信息	名称：大有林木专业合作社 统一社会信用代码/纳税人识别号： 915100269126951105

项目名称	规格型号	单位	数量	单价	金额	税率/征收率	税额
*林业产品*育种和育苗		棵	20 000	1.00	20 000.00	免税	
合　计					¥20 000.00		
价税合计（大写）	⊗贰万元整					（小写）	¥20 000.00
备注							

开票人：孙超

图10-7　增值税普通发票

（3）10月10日，合作社收获苹果30 000千克入库，在生产过程中累计投入各种费用25 000元。用现金支付搬运费500元。合作社将库存苹果出售，收款55 000元存入银行。

（4）10月25日，合作社委托外单位代销本合作社的苹果50 000千克，入库成本费用为9 000元。收到代销单位送来的代销清单，销售收入15 000元，双方协议支付代销单位手续费1 500元。

（5）11月20日，合作社将所属的某个苹果园出售给成员李小军，双方协议价55 000元，李小军以银行存款支付48 000元，余7 000元暂欠，出售时果园的摊余成本为53 000元。

（6）12月20日，合作社苹果园因冻害死亡苹果树10棵，其账面摊余价值为150元。

（7）12月30日，合作社的苹果园已达到预定经营目的，累计发生各项费用共计48 000元，现进入投产期，预计可正常生产15年，计算每年应计提折旧额（预计残值率为5%），并做账务处理。

要求：根据上述经济业务进行会计账务处理。

练习题参考答案

一、填空题

1. 财政部　2024年1月1日
2. “村财村管”
3. 《中华人民共和国农民专业合作社法》
4. 收支明细表　成员权益变动表
5. 42
6. “应收款”　“内部往来”
7. 消耗性生物　生产性生物　公益性生物
8. 48
9. “产品物资”　“委托加工物资”　“委托代销物资”
10. 专项应付款

二、单项选择题

1.C　2.D　3.B　4.A　5.B　6.C　7.B　8.B　9.D　10.C

三、多项选择题

1.ABD　2.ABCD　3.AB　4.CD　5.ABD

四、判断题

1.√

我国财政部颁布的《农村集体经济组织会计制度》中规定，农村集体经济组织的会计工作组织形式可以采用村级会计委托代理制，将村级财务工作委托代理机构办理。

2.√

农业资产具有长期资产性质，考虑到其在以后若干期间产生收益、发生支出，我们必须对其成本进行分摊。

3.×

《农村集体经济组织会计制度》没有对计提折旧的预计净残值率进行规定。

4.√

生产性生物资产达到预定经营目的后计提折旧，非经济林木属于消耗性生物资产或公益性生物资产，不需要计提折旧。

5.×

我国现阶段的农村集体经济组织是指按村或村小组设置的社区性集体经济组织。它既不同于企业法人，又不同于社会团体，也不同于行政机关，自有其独特的政治性质和法律性质。

实务训练提示

1.大连张沟农村集体经济组织进行会计账务处理如下：

分录	借方	贷方
（1）借：库存现金	2 000	
贷：银行存款		2 000
（2）借：管理费用	500	
贷：库存现金		500
（3）借：应收款——王村	8 000	
贷：经营收入——农产品		8 000
（4）借：库存物资——农产品	6 000	
贷：银行存款		6 000
（5）借：内部往来——张平	800	
贷：库存现金		800
（6）借：库存现金	800	
贷：内部往来——张平		800
（7）借：银行存款	12 000	
贷：补助收入——财政转移支付资金		12 000
（8）借：库存现金	3 000	

贷：公积公益金　3 000

（9）借：库存物资——农药　3 060

贷：银行存款　3 060

（10）借：固定资产——生产经营用（收割机）　60 500

贷：银行存款　60 500

（11）借：消耗性生物资产——幼畜及育肥畜　2 100

贷：库存现金　2 100

（12）借：消耗性生物资产——幼畜及育肥畜　800

贷：库存物资　800

（13）借：银行存款　260

贷：其他收入　260

（14）借：经营收入　124 500

其他收入　54 000

补助收入　50 000

贷：本年收益　228 500

（15）借：本年收益　110 000

贷：经营支出　70 000

其他支出　10 000

管理费用　30 000

2.浙江省华西村向阳合作社进行会计账务处理如下：

（1）①出售时：

借：应收款——肉联厂　8 000

贷：经营收入　8 000

②收回款项时：

借：银行存款　8 000

贷：应收款——肉联厂　8 000

（2）①预付款时：

借：应收款——大有林木　3 000

贷：银行存款　3 000

②树苗运抵时：

借：生产性生物资产——经济林（苹果树）　3 000

贷：应收款——大有林木　3 000

（3）①提供周转金：

借：成员往来——王雷　10 000

贷：库存现金　10 000

②收回周转金：

借：银行存款　10 000

贷：成员往来——王雷　10 000

（4）借：成员往来——张家农　520

　　贷：库存现金　　500
　　　　经营收入　　20

（5）借：受托代销商品　　15 000
　　贷：成员往来——李秀　　15 000

（6）借：产品物资——化肥　　2 100
　　贷：库存现金　　100
　　　　应付款　　2 000

（7）①收到款时：

借：银行存款　　30 000
　贷：专项应付款　　30 000

②完成项目时：

借：生产性生物资产——经济林（柿树）　　30 000
　贷：银行存款　　30 000

借：专项应付款　　30 000
　贷：专项基金　　30 000

（8）①收到款时：

借：银行存款　　20 000
　贷：专项应付款　　20 000

②完成项目时：

借：固定资产　　20 000
　贷：银行存款　　20 000

借：专项应付款　　20 000
　贷：专项基金　　20 000

（9）借：银行存款　　50 000
　　贷：股金——刘力　　50 000

（10）借：库存现金　　100 000
　　贷：专项基金　　100 000

（11）借：盈余分配　　10 000
　　贷：盈余公积　　10 000

3.大连普兴专业合作社进行会计账务处理如下：

（1）借：生产性生物资产——经济林（苹果树）　　20 000
　　贷：银行存款　　20 000

借：生产性生物资产——经济林（苹果树）　　5 000
　贷：库存现金　　5 000

（2）借：生产性生物资产——经济林（苹果树）　　800
　　贷：产品物资　　500
　　　　库存现金　　300

借：经营支出　　8 600
　贷：库存现金　　2 400

贷：应付工资 3 000

产品物资 3 200

（3）①支付搬运费时：

借：生产成本 500

贷：库存现金 500

②产品入库时：

借：产品物资——苹果 25 500

贷：生产成本 25 500

③借：银行存款 55 000

贷：经营收入 55 000

同时结转成本：

借：经营支出 25 500

贷：产品物资——苹果 25 500

（4）①产品出库时：

借：委托代销商品——苹果 9 000

贷：产品物资——苹果 9 000

②收到代销清单时：

借：应收款 15 000

贷：经营收入 15 000

同时结转成本：

借：经营支出 9 000

贷：委托代销商品——苹果 9 000

③应支付的手续费：

借：经营支出 1 500

贷：应收款 1 500

④收到代销款时：

借：银行存款 13 500

贷：应收款 13 500

（5）①出售时：

借：银行存款 48 000

成员往来——李小军 7 000

贷：经营收入 55 000

②结转成本：

借：经营支出 53 000

贷：生产性生物资产——经济林（苹果树） 53 000

（6）借：其他支出 150

贷：生产性生物资产——经济林（苹果树） 150

（7）①应摊销折旧额的计算：

每年应摊销折旧额=48 000×（1−5%）÷15=3 040（元）

②每年摊销时：

借：经营支出 3 040

 贷：生产性生物资产累计折旧 3 040

教材中典型案例解答

典型案例一

（1）借：银行存款 100 000

 固定资产 150 000

 消耗性生物资产——幼畜及育肥畜（羊） 280 000

 贷：资本 500 000

 公积公益金 30 000

（2）借：银行存款 200 000

 贷：公积公益金 200 000

（3）借：长期借款及应付款 300 000

 其他支出 20 000

 贷：银行存款 320 000

（4）借：银行存款 60 000

 贷：短期借款 60 000

（5）借：库存物资——化肥 140 000

 贷：银行存款 140 000

（6）借：生产性生物资产——经济林木（苹果树苗） 190 000

 ——经济林木（果树抚育） 10 000

 贷：应付款——丁物资公司 190 000

 库存现金 10 000

（7）借：应付款——丁物资公司 290 000

 贷：银行存款 290 000

（8）借：银行存款 2 000

 贷：投资收益 2 000

借：银行存款 168 000

 贷：长期投资 150 000

 投资收益 18 000

（9）借：内部往来——李旺 5 000

 贷：库存现金 5 000

（10）借：银行存款 20 000

 贷：其他收入 20 000

（11）借：在建工程 70 000

 贷：银行存款 70 000

借：在建工程　30 000
　贷：银行存款　10 000
　　库存物资　20 000
借：固定资产　100 000
　贷：在建工程　100 000
（12）借：生产（劳务）成本　17 000
　　管理费用　3 000
　贷：累计折旧　20 000
（13）借：固定资产清理　10 000
　　累计折旧　30 000
　贷：固定资产　40 000
借：固定资产清理　2 000
　贷：银行存款　2 000
借：银行存款　20 000
　贷：固定资产清理　20 000
借：固定资产清理　8 000
　贷：其他收入　8 000
（14）借：管理费用　10 000
　　生产（劳务）成本　50 000
　　经营支出　50 000
　　生产性生物资产——经济林木（果树抚育）　10 000
　贷：应付工资　110 000
　　应付劳务费　10 000
（15）借：应付工资　110 000
　　应付劳务费　10 000
　贷：银行存款　120 000
（16）借：库存现金　1 000
　　管理费用　4 000
　贷：内部往来——李旺　5 000
（17）借：库存物资——空心砖　70 000
　贷：生产（劳务）成本　70 000
（18）借：一事一议资金　60 000
　贷：公积公益金　60 000
（19）借：银行存款　150 000
　贷：应收款　150 000
（20）借：银行存款　550 000
　贷：经营收入　550 000
借：经营支出　400 000
　贷：库存物资——大麦　400 000

（21）借：内部往来——刘某　80 000
　　贷：经营收入——发包收入　80 000
（22）借：银行存款　50 000
　　贷：补助收入——自然灾害补助　50 000
（23）借：投资收益　110 000
　　其他收入　428 000
　　经营收入　3 830 000
　　补助收入　50 000
　　贷：本年收益　4 418 000
（24）借：本年收益　1 797 000
　　贷：其他支出　260 000
　　管理费用　737 000
　　经营支出　800 000
（25）借：本年收益　2 621 000
　　贷：收益分配——未分配收益　2 621 000
（26）借：收益分配——公积公益金　300 000
　　——各投资方　1 100 000
　　——农户　900 000
　　贷：公积公益金　300 000
　　应付款——应付投资分利款　1 100 000
　　内部往来　900 000
（27）借：收益分配——未分配收益　2 300 000
　　贷：收益分配——公积公益金　300 000
　　——各投资方　1 100 000
　　——农户　900 000

12月末科目余额表见表10-1。2023年12月31日资产负债表见表10-2。

表10-1

科目余额表

2023年12月31日　　单位：万元

科目编号	科目名称	期末余额		科目编号	科目名称	期末余额	
		借方	贷方			借方	贷方
	资产类				所有者权益类		
101	库存现金	1.60		301	资本		138
102	银行存款	156.80		311	公积公益金		94
111	短期投资	2		321	本年收益		
112	应收款	21		322	收益分配		160.10
113	内部往来		54		成本类		
121	库存物资	189		401	生产（劳务）成本	9.70	
131	消耗性生物资产	92			损益类		
132	生产性生物资产	102		501	经营收入		

续表

科目编号	科目名称	期末余额		科目编号	科目名称	期末余额	
		借方	贷方			借方	贷方
141	长期投资	21		502	投资收益		
151	固定资产	86		503	补助收入		
152	累计折旧		11	504	其他收入		
153	在建工程	4		511	经营支出		
154	固定资产清理			513	管理费用		
	负债类			515	其他支出		
201	短期借款		37				
202	应付款		144				
211	应付工资		11				
221	长期借款及应付款		35				
231	一事一议资金		1		（借方/贷方）合计	685.10	685.10

表10-2

资产负债表

村会01表

编制单位：大团结村　　2023年12月31日　　单位：万元

资产	期末余额	年初余额（略）	负债和所有者权益	期末余额	年初余额（略）
流动资产：			流动负债：		
货币资金	158.40		短期借款	37	
短期投资	2		应付款项	198	
应收款项	21		应付工资	11	
存货	198.70		流动负债合计	246	
消耗性生物资产	92		非流动负债：		
流动资产合计	472.10		长期借款及应付款	35	
非流动资产：			一事一议资金	1	
长期投资	21		非流动负债合计	36	
生产性生物资产原值	102		负债合计	282	
减：生产性生物资产累计折旧			所有者权益：		
生产性生物资产净值	102		资本	138	
固定资产原值	86		公积公益金	94	
减：累计折旧	11		未分配收益	160.10	
固定资产净值	75		所有者权益合计	392.10	
在建工程	4				
非流动资产合计	202				
资产总计	674.10		负债和所有者权益总计	674.10	

典型案例二

（1）①合作社收到代购商品款时：

借：库存现金　　1 000

　贷：成员往来——张得利　　1 000

②采购商品时：

借：受托代购商品　　800

　贷：库存现金　　800

③交付商品时：

借：成员往来——张得利　800
　贷：受托代购商品　800

④收取手续费，退还剩余款：

借：成员往来——张得利　200
　贷：经营收入　80
　　库存现金　120

（2）①收到委托代销商品时：

借：受托代销商品　20 000
　贷：成员往来——张得利　20 000

②销售商品时：

借：库存现金　21 000
　贷：受托代销商品　20 000
　　经营收入　1 000

③给付成员代销商品款时：

借：成员往来——张得利　20 000
　贷：库存现金　20 000

典型案例三

（1）借：消耗性生物资产——幼畜及育肥畜（猪）　20 000
　　生产性生物资产——产役畜（猪）　30 000
　贷：银行存款　40 000
　　应付款——种猪厂　10 000

（2）借：消耗性生物资产——幼畜及育肥畜（猪）　8 600
　　生产性生物资产——产役畜（猪）　4 400
　贷：产品物资——饲料　9 000
　　应付工资　800
　　应付劳务费　1 800
　　库存现金　1 400

（3）借：生产性生物资产——产役畜（牛）　35 000
　贷：消耗性生物资产——幼畜及育肥畜（牛）　35 000

每年应摊销的金额=30 000×（1-5%）÷5=5 700（元）

每月应摊销的金额=5 700÷12=475（元）

借：经营支出　475
　贷：生产性生物资产累计折旧——产役畜（牛）　475

（4）①出售奶牛：

借：银行存款　24 000
　生产性生物资产累计折旧 ——产役畜（奶牛）　4 000
　贷：生产性生物资产——产役畜（奶牛）　20 000
　　其他收入　8 000

②育肥猪死亡时：

借：待处理财产损溢　300
　贷：消耗性生物资产——幼畜及育肥畜（猪）　300
③按规定程序批准后：
借：其他支出　300
　贷：待处理财产损溢　300

典型案例四

（1）①买水泵时：
借：在建工程——水泵　3 000
　贷：银行存款　3 000
②支付运杂费、安装费时：
借：在建工程——水泵　350
　贷：库存现金　350
③交付使用时：
借：固定资产——水泵　3 350
　贷：在建工程——水泵　3 350
（2）借：固定资产——电脑　5 000
　　贷：银行存款　5 000
（3）①支付费用时：
借：在建工程　40 000
　贷：银行存款　30 000
　　库存现金　10 000
②交付使用时：
借：固定资产——办公室　40 000
　贷：在建工程　40 000
（4）借：固定资产——电脑　6 000
　　贷：专项基金　6 000
（5）①转入清理时：
借：固定资产清理　1 000
　累计折旧　2 000
　贷：固定资产 ——农用车　3 000
②支付清理费用：
借：固定资产清理　400
　贷：库存现金　400
③收到出售价款时：
借：库存现金　1 000
　贷：固定资产清理　1 000
④结转净损失：
借：其他支出　400
　贷：固定资产清理　400